# 为什么
# 精英都是
# Excel控

[日]熊野整◎著　　刘格安◎译

湖南文艺出版社
HUNAN LITERATURE AND ART PUBLISHING HOUSE

博集天卷
CS-BOOKY

# 图书在版编目（CIP）数据

为什么精英都是Excel控/（日）熊野整著；刘格安译. —长沙：湖南文艺出版社，2017.5
ISBN 978-7-5404-8015-8

Ⅰ. ①为… Ⅱ. ①熊… ②刘… Ⅲ. ①表处理软件—应用—目标管理
Ⅳ. ①C931.2-39

中国版本图书馆CIP数据核字（2017）第053976号

著作权合同登记号：18-2016-185

Gaishi kei Toshi Ginko no Excel Shigoto jutsu by Hitoshi Kumano
Copyright © 2015 Hitoshi Kumano
Simplified Chinese translation copyright © China South Booky Culture Media Co, LTD.
All rights reserved.Original Japanese language edition published by Diamond, Inc.Simplified Chinese
translation rights arranged with Diamond, Inc. through EYA Beijing Representative Office

**本书中译本由时报文化出版企业股份有限公司授权。**

**上架建议：商业·成功励志**

WEISHENME JINGYING DOU SHI EXCEL KONG
为什么精英都是Excel控

著　　者：［日］熊野整
译　　者：刘格安
出 版 人：曾赛丰
责任编辑：薛　健　刘诗哲
监　　制：蔡明菲　邢越超
策划编辑：李彩萍
特约编辑：蔡文婷
版权支持：闫　雪
营销支持：李　群　张锦涵
封面设计：刘红刚
版式设计：李　洁
内文排版：八度出版服务机构
出版发行：湖南文艺出版社
　　　　　（长沙市雨花区东二环一段508号　邮编：410014）
网　　址：www.hnwy.net
印　　刷：三河市中晟雅豪印务有限公司
经　　销：新华书店
开　　本：875mm×1270mm　1/32
字　　数：172千字
印　　张：8
版　　次：2017年5月第1版
印　　次：2019年5月第6次印刷
书　　号：ISBN 978-7-5404-8015-8
定　　价：38.00元

质量监督电话：010-59096394
团购电话：010-59320018

# 让外商投资银行的 Excel 成为你的工作利器

一般而言，很少人确切知道投资银行都在做些什么工作，或许是因为其中大部分的工作都必须在极度保密的情况下进行，举凡大规模的企业并购咨询、大型企划案的资金调度，动辄牵涉庞大的交易金额，都是一般人日常生活中难以想象的规模。（与此同时，外商金融业薪水诱人、淘汰率高等待遇方面的事实，却意外地广为人知。）

此外，还有一件大家不知道的事，就是在所有投资银行能够带给客户的价值当中，包含着一项由神人级的Excel技巧所建构而成的数字力。

似乎有很多人认为，在经手大型企业并购案的时候，只要利用专业的系统，就可以自动计算并购价格、分析企业价值或预估长期收益。不管面对多复杂的计算或分析，只要把数字输入到计算机里，就能瞬间得出结果。但这根本就是天大的误解。

实际情况是，有时即使计算的金额达到千亿，看得人头昏眼花，负责的人也必须逐一填满Excel的单元格，一张接一张地完成工作表。当然，全部都是手动输入。

只要有一个地方出错，就有可能造成数十亿的偏差。如此沉重的压力之下，仍必须精准地完成Excel计算，这就是投资银行的实情，也是投资银行提供给客户的价值。

我在大学毕业后，进入投资银行摩根士丹利证券工作。初入公司不久，便接受了多位Excel专家的指点。他们让我彻底奠定了Excel的基础，日复一日地计算再计算。如今回想起来，我在投资银行工作的5年期间，自始至终都在用Excel计算收益。

之后，我取得商学院学位，转职到网络公司工作。在与各行各业人士接触的过程中，我再度体会到投资银行出身的人，拥有的Excel技巧是多么出色。因为我发现，其他行业的同事在Excel上出错的情况简直是家常便饭。我在商业现场的第一线，屡屡见证这些Excel带来的灾难，我了解到几个事实：

🅴 因为每个人都按照自己的方式制作Excel表格，所以很难一目了然。

🅴 因为不知道检查的方法，所以无法减少误算。

🅴 因为计算过于复杂，所以容易造成旁人的混淆。

**E** 因为不知道Excel的快捷键，而耗费大把作业时间。

**E** 想用Excel制作收益计划，却不知道从何着手。

以上这些问题，只要学会投资银行的Excel技巧，全都可以迎刃而解。为了让更多人了解其中的诀窍，我从2013年10月起，以小型工作坊的形式开办讲座。第一次开课的时候，我只提前一周在Facebook（美国社交网络服务网站）上公告讯息，没想到15个名额在20分钟内就报名额满了。我这才惊讶地发现，原来有这么多人对Excel感到困扰啊！

我所开办的讲座"投资银行家教你如何运用Excel学习商业模拟"，第一年就有累积超过3000人报名参加。我利用平日晚上和周末整天，和一群积极又优秀的商务人士一起学习Excel，共同度过了一段非常充实的时光。讲座地点以东京为主，也在大阪、名古屋、福冈、仙台、札幌等地开办，甚至还曾远赴新加坡举行。

随着讲座逐渐步上正轨，开始有参加者向他们公司的人事部门反映："我们一定要在公司内部推广这套方法！"于是讲座的触角便延伸到企业训练。从顾问公司、大型综合商社到大型广告代理商乃至大型通信企业，各大知名企业的委托蜂拥而至，我发现，越是优秀的商务人士，越渴望学习如何善用Excel。

所以，为了让更多人认识投资银行的Excel工作技巧，我决定投入自己并不擅长的执笔工作，把讲座的内容编撰成册，而这本书就是最后的心血结晶。本书不仅浓缩了讲座的精华，还整理出曾经参与讲座的商业精英们特别推荐的内容（这就是为何书名会取作《为什么精英都是Excel控》）。

在我看来，Excel会引发公司内部问题或招致人们心理上的排斥，原因不外乎公司内部未贯彻Excel的基本原则。如果团队里的每个成员都按照自己的方式使用Excel，那么即使操作经验再丰富，也无法提升团队整体的作业效率或减少误算的情况。如此一来，自然无法消除大家内心对Excel的排斥感。

这一点是我在讲座中最为强调的部分，也在本书中用了一定的篇幅说明。

本书并不是Excel技术指南。在这本书里，别说是巨集了，连函数也没有出现过。当然，更没有复杂的财务会计计算。

取而代之的是，我投注了更多的心力想让各位知道"建立Excel的基本原则"和"团队全员都要贯彻基本原则"这两点的重要性。

应该有不少人认为自己不擅长处理数字吧？不过，只要加强Excel能力，自然就能提升数字力。数字力提升以后，即可运用有根据的数字来分析风险，甚至能够预测未来趋势。我相信，提升团队全员的Excel技巧，不仅能让Excel作业变得迅速而正确，还能为你的事业带来莫大的利益。

　　另外，本书的内容适用于 Windows 系统，苹果电脑系统的 Excel 操作方式跟 Windows 略有不同，还请读者留意。

熊野整

# 目 录

## 第 1 章 一目了然的Excel
表格做得够漂亮，才值得信赖

# 第2章 正确无误的Excel
## 让工作彻底零失误

# 第3章 有效率的Excel
## 记住好用的快捷键，同时提升工作的质与量

第 **4** 章   **利用Excel增强数字力**

准确预测"未来能赚多少钱"

当你向上司提出一项新的服务企划案时，上司问你："这可以赚多少钱？"你能够给出一个明确的答案吗？

身为商务人士，数字力当然是很重要的能力，可惜现实总是不尽如人意，很多人出于对数学的反感，在面对上司这样的提问时，只会说："这个嘛……我希望最好能达到这样的销售额……"像这样搪塞过去，企划案当然也没能通过……这样的人应该不在少数吧。

此外，即使单就"数字力"来说，也有几种不同的类型，例如：

🅔（看见数字的瞬间）"比去年增长了42.5%呢！"属于心算类型的数字力；

🅔"全日本有多少根电线杆呢？"属于概算类型的数字力；

**E** "如何评估这项事业的总资产周转率？"属于财务类型的数字力。

本书谈论的数字力，则是彻底活用Excel，以模拟收益计划的数字力。

举例而言，当我们被问道"这项事业计划，大概可以赚多少钱"的时候，可以回答："假设取得20%的市场占有率，又售价为1500元的话，全年度的销货收益估计可达10亿元。"

或者："顺利的话（乐观情况下），全年度收益应该可以达到3000万元；即便在最糟糕的情况下（悲观情况下），至少也可达到500万元。我认为亏钱的概率很低，所以请务必推行这项企划！"

像这样条理分明地解说模拟计算的结果，就是通过Excel培养出来的数字力。

彻底活用Excel，强化数字力之后，一方面能够做出合理的判断，让工作进行得顺畅无碍；另一方面也能够降低草率施策的风险。如果一家公司能够多培养像这样数字力强的商务人士，业绩自然也会蒸蒸日上。

本书就是为那些渴望加强"Excel数字力"的商务人士提供基础技能的。内容共有四章：

第一章　一目了然的Excel
第二章　零失误的Excel
第三章　高效率的Excel
第四章　彻底活用Excel，强化数字力

图0-1　**商业必备的Excel技巧**

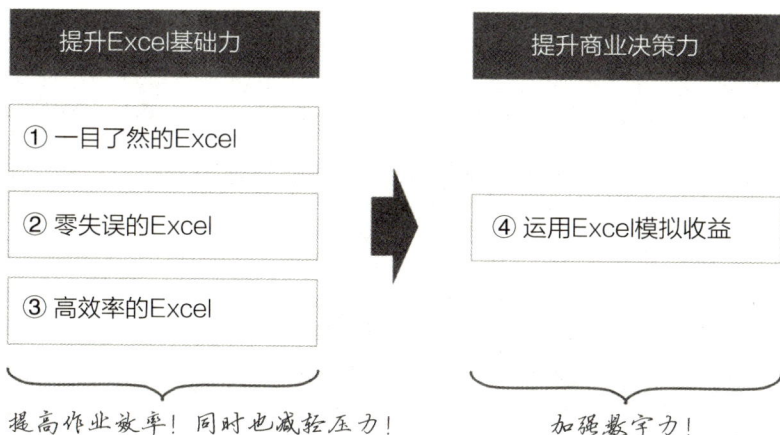

| 提升Excel基础力 | 提升商业决策力 |
|---|---|
| ① 一目了然的Excel |  |
| ② 零失误的Excel | ④ 运用Excel模拟收益 |
| ③ 高效率的Excel |  |

提高作业效率！同时也减轻压力！　　　加强数字力！

　　第一章到第三章的主要目标，是希望解决各位平常可能遇到的Excel问题，并消除对Excel的反感。

　　"同事做的Excel很复杂，看起来很有压力。"
　　"我很害怕用Excel算错。"
　　"我的Excel作业速度很慢，老是给团队添麻烦。"

为了解决这些问题，本书整理了所有应该贯彻于企业内部的Excel基本原则。如果能够遵循这些原则，相信一定能够提升团队整体的Excel作业效率，减少误算的情形，同时也减轻团队成员的压力。

至于第四章的内容则稍有不同。第四章的目标是"彻底活用Excel，成为数字力强的商务人士"。

具备数字力的话，Excel就不再只是一项作业工具，而是提升商业决策力的武器。在新商品的企划提案时，如果能够运用Excel预测未来的收益，或是进行各种项目的模拟，相信也能大幅提升你的说服力。即使被质疑"这能赚多少钱？"，也能够沉着冷静地展示出模拟的结果，协助上司做出准确的判断，企划通过的可能性就很大了。

从这本书中，你不仅能够提升Excel基础能力，更能提升商务人士必备的数字力，甚至能进一步提升团队或企业的决策力。

# 第1章 一目了然的Excel

## 表格做得够漂亮，才值得信赖

Excel Excel Excel Excel Excel Excel Excel Excel Excel Excel Excel Excel Excel Excel Excel Ex

# 1. 投资银行对"表格易读性"的要求极为严格

我在开办Excel讲座或企业训练课程时，第一小时一定会先仔细讲解格式。因为在使用Excel的时候，格式是最重要的基础。然而，许多商务人士都不太在意Excel的格式，大部分的企业也都没有针对Excel的格式制定基本原则。

容我提出一个问题："请问你会想看别人做的Excel吗？"

恐怕大部分人都会回答no吧。理由或许有很多种，但其中最主要的理由应该还是"因为很难懂"吧。有太多无法一目了然的Excel，这就是大家会对Excel产生排斥感的原因。

如果一个团队只做得出复杂难懂的Excel，那么误算的情况将永远无法减少，作业效率也始终不见改善。以结果来说，自然无法提升数字方面的思考能力。

商务精英对Excel表格的呈现方式也就是格式的要求，相当严格。为什么要如此坚持呢？

因为制作格式整齐的Excel有两个好处：

（1）减少Excel带来的压力和误算；
（2）获得客户和团队成员的信赖。

接下来，就针对这两点详细说明吧。

## 1 减少Excel带来的压力和误算

你可能会觉得不解，Excel的格式和压力究竟有什么关系？请假想自己现在正在阅读一份别人制作的表格，拿到一份别人制作的表格时，在检查内容之前，你是不是会先研究"表格的哪个部分，做了什么样的计算"呢？换句话说，就是先试图掌握表格的架构。这样一来，就很容易感受到压力。我想很多商务人士会抱怨说："我对Excel很头痛。"原因之一，恐怕就是这种压力吧。

要解决这种压力，必须要求团队里的每一位成员，都学会"制作任何人都看得懂的Excel"。

如果团队里的每一位成员都学会制作一目了然的Excel，那么大家就再也不必为了表格的架构而伤脑筋，可以立即进入讨论内容或分析结果的阶段。外商投资银行虽然跟海外分公司共享资料，但不管哪一个国家的分公司，在制作Excel时都采用相同的格式，因此很容易就能理解表格的内容。此外，由于投资银行的工作繁重而且极为严格，中途离职的人也不在少数，因此经常需要有人接手前者的工作。在这种时候，如果Excel做得一目了然，交接工作也会比较顺利。

## 2  获得客户和团队成员的信赖

资料的样式也会影响客户的观感。在投资银行，我们经常需要提供资料给客户参考。举例来说，当企业客户有意收购一家公司时，投资银行会以顾问的角色提供收购策略。除此之外，我们也得推销业务，设法让客户知道我们在企业并购顾问的领域表现有多优秀。无论在何种情况下，都必须制作出能获得客户信赖的资料。

说起业务资料，一般最常见的就是将普通用纸黑白打印，再用订书机装订，但投资银行制作的资料却不是这样。投资银行会准备高级用纸并进行彩色打印，再用专用的文件夹装订成册。每一册的制作成本高达数千日元。因为资料的外观如果不够亮眼，即使内容再好，也无法给客户一个好印象。为了给人留下多一分的好印象，不仅资料的内容要充足，连外观也不能有一丁点马虎，这就是投资银行的文化。因此才会严格要求Excel的格式一定要让任何人看了都会心想："好整齐！"或"简单明了！"

## 专栏　资料的样式会左右客户的观感

我在摩根士丹利证券的时候，曾经有客户告诉我："摩根士丹利的资料真的做得很精美，只是纸的尺寸有一点……"

当时，摩根士丹利东京分公司使用的纸张尺寸和纽约分公司一样，都是"Letter"尺寸。这种尺寸在美国是很普遍的尺寸，但在日本却很少见。

客户继续说道："拿那种日本不使用的尺寸来制作资料，很难让人觉得你们重视日本企业。"

这番话让我心里想："什么？何必那么在意纸的尺寸呢！"但一问才知道，另一家投资银行界的龙头，会特地把日本的提案资料改成A4纸。犹记得我当时佩服地想："不愧是投资银行界的龙头啊，连对格式的要求都是业界第一！"（话说回来，对格式要求如此严格的摩根士丹利，那时为什么不在意纸张的尺寸呢？）

　　这件事让我深刻地感受到，虽然用纸尺寸和提案内容毫无关联，看起来好像只是一件微不足道的小事，但客户的观感确实会受到这些细微的格式或外观因素的影响。

**一目了然的资料，必须从贯彻"原则"开始**

为了让公司内部的沟通更顺畅或是给客户留下良好的印象，懂得如何制作一目了然的表格是一件很重要的事，但所谓"一目了然的表格"，具体来说，究竟是什么样的表格呢？

请想象一下这样的情境吧，某位上司实在看不懂员工做的Excel表格，于是命令A员工和B员工说："把表格做得清晰明了一点！"A员工听了心想："好，那我就用颜色来区别吧！"于是便把表格改得五颜六色。B员工则决定："不需要用颜色，只要把表格改得简单一点就好了。"于是把表格全部加上框线。

接着，当双方看到对方的表格时，A心想："什么嘛！这表格也太简化了吧！"B心想："这么花哨的表格，看得我眼花缭乱。"结果双方都完全偏离了上司的指示。类似的情况经常发生在Excel的制作上。

光是"一目了然"这四个字，解读的方式也因人而异。有些人认为"一目了然"的东西，在另外一些人眼里可能相当"复杂难懂"。为了避免每一个人都用自己的方式诠释"一目了然"，投资银行采取的解决办法就是制定一套标准的格式原则。

格式不需要展现个性。在投资银行，无论是简报的投影片或是Excel的表格，都有详细的格式规定，所有员工都必须遵守。

摩根士丹利对格式的规定相当严格，我在入职前两年给上司提供的资料，从来不曾一次就通过，直到第三年才比较熟习规定，第四年才开始指导新员工。可见我们花了多少时间在熟悉格式的规定上。因为投资银行非常坚持一项原则，就是"贯彻标准格式，是减少误算、提高内容的易理解性，以及获取客户信赖的基础"。

然而，大部分的企业都未针对表格的格式制定原则。明明对简报的投影片或商标的使用都有严格规定，为什么Excel表格的制作，却放任大家各自发挥呢？Excel的格式才是真正应该讲究的部分。

Excel的计算本来就比较复杂难懂，需要花时间理解这些内容。此时，如果每个人都用各自不同的形式呈现表格，在理解时就必须耗费更多精力。如果是Word或PowerPoint的话，只要能理解数据上呈现出来的内容就OK了。但换成Excel的时候，因为还需要理解计算过程，所以必须确认的数据会变得相当庞大。表格中的计算式都必须一个一个仔细检查，不仅不容易理解表格本身，也不知道每一个单元格分别在计算什么，如此一来，表格的用户会产生一股极大的压力。长久下来，可能导致越来越少的人愿意仔细检查Excel的计算式，从而增大误算的情况对企业造成的负面影响。

制定一套简单易懂的格式原则，不仅能帮助我们制作出条理清晰、格式整齐的Excel表格，还能提高全公司上下的效率和工作质量。

相信任何一个忙碌的商务人士，都会想要提高Excel的作业效率。说到提高效率，或许有人会联想到快捷键的运用，但在那之前，贯彻格式原则才是我们的第一要务。

**图1-1** "简单易懂的表格"若无原则，就会变成难以理解的表格

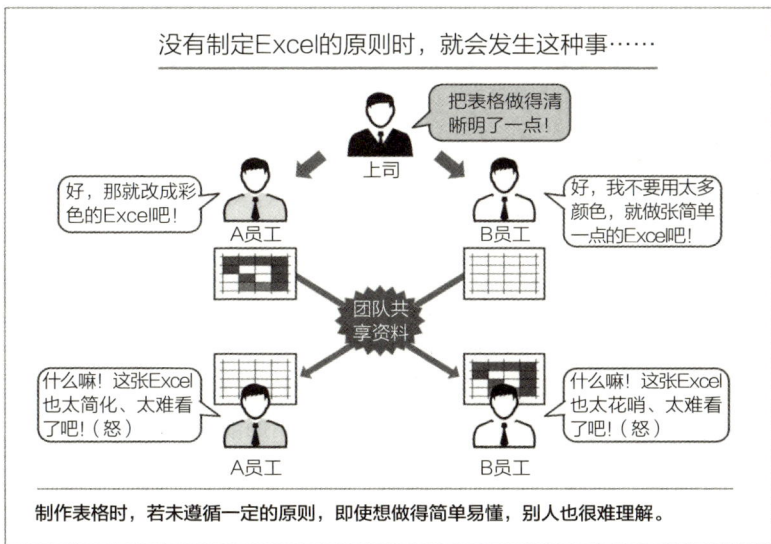

没有制定Excel的原则时，就会发生这种事……

上司：把表格做得清晰明了一点！

A员工：好，那就改成彩色的Excel吧！

B员工：好，我不要用太多颜色，就做张简单一点的Excel吧！

团队共享资料

A员工：什么嘛！这张Excel也太简化、太难看了吧！（怒）

B员工：什么嘛！这张Excel也太花哨、太难看了吧！（怒）

制作表格时，若未遵循一定的原则，即使想做得简单易懂，别人也很难理解。

**图1-2** **制定一套标准的格式原则，**
**可以提升工作效率和质量**

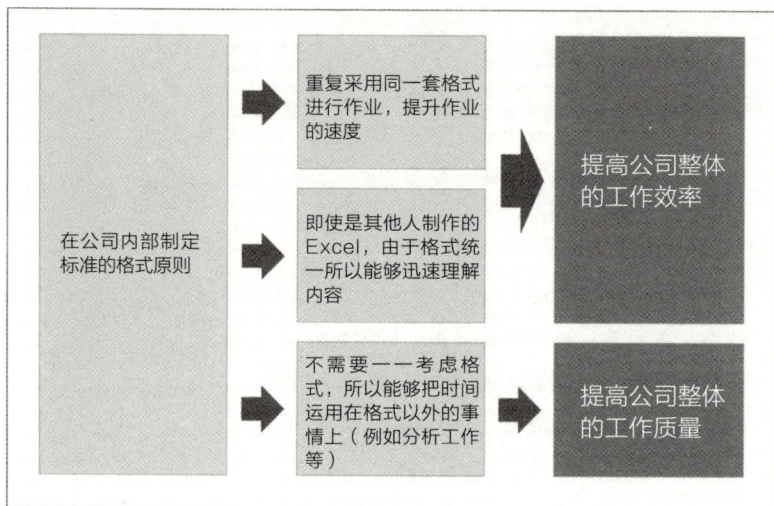

在公司内部制定一套标准的格式原则，可以获得三大效果。

一是能够在短时间内完成表格。因为重复采用相同的格式制作表格，所以熟悉了以后自然能够提升速度。

二是在标准格式的原则之下，公司内部所有人做的表格都可以快速理解。企业能够凭借这两点做到工作效率的提高。

三是能够提升Excel计算或分析的质量。当我们事先制定好格式原则，就不必在制作表格时，一项一项思考该采用什么格式才好。如此一来，便能够把时间运用在格式以外更本质性的事情上，例如数据的分析方法等。最后，公司内部所有使用到Excel的工作都能提高质量，连带创造出更多的利益。

## 专栏 "令人目瞪口呆的"投资银行年夜饭

关于投资银行对格式究竟有多讲究，我想在此介绍一个例子。

这已经是好久以前的事了。在某一年的摩根士丹利投资银行部年夜活动上，公司举办了一个问答比赛。有趣的是，问答比赛的题目竟然是要我们在会场屏幕的投影片中，找出格式错误的地方。

当时刚入社会的我心想："这些人到底在干吗啊？"但如今回想起来，这可是一件不简单的事。正因为公司全体员工都知道格式有标准原则，所以这道题目才得以成立。而且大家对正确的格式有一套共同的认知，所以才能够把找出错误当作一种娱乐。这一点真的让人强烈感觉到投资银行对格式的坚持啊。

## 3. 正确格式的原则

在上一节，我们已经论述了制定格式原则以及全公司共同遵守原则的重要性，但在付诸实际行动之前，我们还必须先认识何谓正确的格式。

本书所谓一目了然的格式，正如图1-3所示。

这套格式是我参考投资银行业界经常使用的格式，再稍做个人修正后完成的版本，并非特定投资银行的格式。另外，本章最后还有更详细的说明。不过各位如果认为"有另一种格式更适合我们公司"的话，当然也可以改成您方便使用的格式。

重要的是在修改之后，如果决定变更格式原则的话，请别忘记在公司内部贯彻新的原则。

**图1-3** 采用正确格式的表格简单易懂，
计算过程也较清楚明确

| | A B C | D | E | F 第1年 | G 第2年 | H 第3年 | I |
|---|---|---|---|---|---|---|---|
| 2 | 收益计划 | | | | | | |
| 3 | | | | 第1年 | 第2年 | 第3年 | |
| 4 | 销货收入 | | 元 | 800,000 | 1,040,000 | 1,352,000 | |
| 5 | 销货数量 | | 个 | 1,000 | 1,300 | 1,690 | |
| 6 | 增长率 | | % | N/A | 30% | 30% | |
| 7 | 单价 | | 元 | 800 | 800 | 800 | |
| 8 | 费用 | | 元 | 300,000 | 500,000 | 700,000 | |
| 9 | 薪资支出 | | 元 | 200,000 | 400,000 | 600,000 | |
| 10 | 员工人数 | | 人 | 1 | 2 | 3 | |
| 11 | 平均薪资支出 | | 元 | 200,000 | 200,000 | 200,000 | |
| 12 | 租金 | | 元 | 100,000 | 100,000 | 100,000 | |
| 13 | 营业净利 | | 元 | 500,000 | 540,000 | 652,000 | |

　　光靠这张表格或许还不是很容易理解，所以我们直接来比较一下不在意格式设定的表格和一目了然的表格究竟不同在哪里吧。请看图1-4。

　　各位有没有觉得下面的表格比较美观，内容也比较清楚呢？接下来，就让我来一一为各位说明这张表格究竟是如何完成的，在哪方面用了什么样的技巧，才会让它看起来如此美观。

## 图1-4 | 杂乱无章的Excel和简单易懂的Excel

**✖ 杂乱无章的Excel**

| | A B | C | D | E | F |
|---|---|---|---|---|---|
| 1 | 收益计划 | | | | |
| 2 | | | 第1年 | 第2年 | 第3年 |
| 3 | 销货收入（元） | | 800,000 | 1,040,000 | 1,352,000 |
| 4 | 销货数量（个） | | 1,000 | 1,300 | 1,690 |
| 5 | 增长率（％） | | N/A | 30% | 30% |
| 6 | 单价（元） | | 800 | 800 | 800 |
| 7 | 费用（元） | | 300,000 | 500,000 | 700,000 |
| 8 | 薪资支出（元） | | 200,000 | 400,000 | 600,000 |
| 9 | 员工人数（人） | | 1 | 2 | 3 |
| 10 | 平均薪资支出（元） | | 200,000 | 200,000 | 200,000 |
| 11 | 租金（元） | | 100,000 | 100,000 | 100,000 |
| 12 | 营业净利（元） | | 500,000 | 540,000 | 652,000 |

**⭕ 一目了然的Excel**

| | A B C | D | E | F | G | H | I |
|---|---|---|---|---|---|---|---|
| 1 | | | | | | | |
| 2 | 收益计划 | | | | | | |
| 3 | | | | 第1年 | 第2年 | 第3年 | |
| 4 | 销货收入 | | 元 | 800,000 | 1,040,000 | 1,352,000 | |
| 5 | 销货数量 | | 个 | 1,000 | 1,300 | 1,690 | |
| 6 | 增长率 | | ％ | N/A | 30% | 30% | |
| 7 | 单价 | | 元 | 800 | 800 | 800 | |
| 8 | 费用 | | 元 | 300,000 | 500,000 | 700,000 | |
| 9 | 薪资支出 | | 元 | 200,000 | 400,000 | 600,000 | |
| 10 | 员工人数 | | 人 | 1 | 2 | 3 | |
| 11 | 平均薪资支出 | | 元 | 200,000 | 200,000 | 200,000 | |
| 12 | 租金 | | 元 | 100,000 | 100,000 | 100,000 | |
| 13 | 营业净利 | | 元 | 500,000 | 540,000 | 652,000 | |

上面是未考虑格式的普通表格，下面是正确格式的表格。

# 1 | 行高设定为 "18"

如图1-5所示，Excel的预设行高一般为"13.5"。用这样的行高制作表格，会让行与行之间没有空隙，看起来很拥挤。因此，正确的格式应该是把行高设定为"18"。只要把行高从"13.5"改到"18"，就能让文字的上下多出一点空间，此举不仅能让文字更容易阅读，也能使表格呈现出简练的风格。

**图1-5 | 增加行的高度，可使表格看起来更美观**

❌ 行高为13.5（默认值）

| | | | | 第1年 | 第2年 | 第3年 |
|---|---|---|---|---|---|---|
| 收益计划 | | | | | | |
| 销货收入 | | 元 | | 800,000 | 1,040,000 | 1,352,000 |
| 销货数量 | | 个 | | 1,000 | 1,300 | 1,690 |
| 增长率 | | % | | N/A | 30% | 30% |
| 单价 | | 元 | | 800 | 800 | 800 |
| 费用 | | 元 | | 300,000 | 500,000 | 700,000 |
| 薪资支出 | | 元 | | 200,000 | 400,000 | 600,000 |
| 员工人数 | | 人 | | 1 | 2 | 3 |
| 平均薪资支出 | | 元 | | 200,000 | 200,000 | 200,000 |
| 租金 | | 元 | | 100,000 | 100,000 | 100,000 |
| 营业净利 | | 元 | | 500,000 | 540,000 | 652,000 |

*纵幅太窄，看起来很拥挤！*

○ 行高设定为18

| | A B C | D | E | F | G | H | I |
|---|---|---|---|---|---|---|---|
| 1 | | | | | | | |
| 2 | 收益计划 | | | | | | |
| 3 | | | | 第1年 | 第2年 | 第3年 | |
| 4 | 销货收入 | 元 | | 800,000 | 1,040,000 | 1,352,000 | |
| 5 | 销货数量 | 个 | | 1,000 | 1,300 | 1,690 | |
| 6 | 增长率 | % | | N/A | 30% | 30% | |
| 7 | 单价 | 元 | | 800 | 800 | 800 | |
| 8 | 费用 | 元 | | 300,000 | 500,000 | 700,000 | |
| 9 | 薪资支出 | 元 | | 200,000 | 400,000 | 600,000 | |
| 10 | 员工人数 | 人 | | 1 | 2 | 3 | |
| 11 | 平均薪资支出 | 元 | | 200,000 | 200,000 | 200,000 | |
| 12 | 租金 | 元 | | 100,000 | 100,000 | 100,000 | |
| 13 | 营业净利 | 元 | | 500,000 | 540,000 | 652,000 | |

*上下保留空间，看起来比较美观！*

## 图1-6 行高的调整方式

① 先全选表格，再单击右键。

| | A B C | D | E | F | G | H | I | J |
|---|---|---|---|---|---|---|---|---|
| 1 | | | | 第1年 | 第2年 | 第3年 | | |
| 2 | 收益计划 | 元 | | 800,000 | 1,040,000 | 1,352,000 | | |
| 3 | | 个 | | 1,000 | 1,300 | 1,690 | | |
| 4 | 销货收入 | % | | N/A | 30% | 30% | | |
| 5 | 销货数量 | 元 | | 800 | 800 | 800 | | |
| 6 | 增长率 | 元 | | 300,000 | 500,000 | 700,000 | | |
| 7 | 单价 | 元 | | 200,000 | 400,000 | 600,000 | | |
| 8 | 费用 | 人 | | 1 | 2 | 3 | | |
| 9 | 薪资支出 | 元 | | 200,000 | 200,000 | 200,000 | | |
| 10 | 员工人数 | 元 | | 100,000 | 100,000 | 100,000 | | |
| 11 | 平均薪资支出 | 元 | | 500,000 | 540,000 | 652,000 | | |
| 12 | 租金 | | | | | | | |
| 13 | 营业净利 | | | | | | | |
| 14 | | | | | | | | |

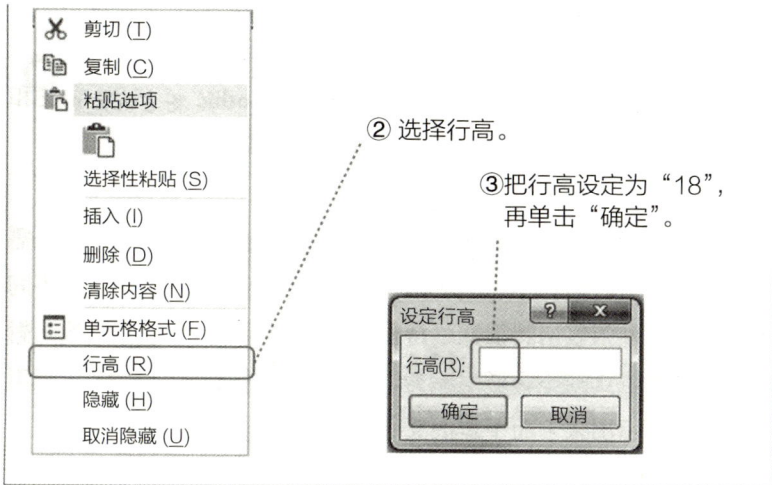

② 选择行高。

③ 把行高设定为"18"，
再单击"确定"。

## 2 | 英文字体为Arial，日文字体为MS PGothic

如图1-7所示，在正确格式下所使用的字体，英文字体为Arial，日文字体为MS PGothic。虽然Excel的标准字体是MS PGothic，但这种字体有一个缺点，就是半角的英文数字体较圆润。因此在英文字体的部分，最好改成数字字体较瘦长的Arial。

另外，很多人对字体有自己的坚持，像Times New Roman就是很常被使用的英文字体。虽然Times New Roman确实是一种有型又好看的字体，但数字的线的粗细并不一致，所以在阅读舒适度上不如Arial，如图1-8所示。在Excel表格中，字体容不容易阅读比好不好看更重要，因此建议采用Arial字体。

**图1-7** | **英文字用Arial的字体看起来比较舒服**

✘ 预设的字体

| | A B C | D | E | F | G | H | I |
|---|---|---|---|---|---|---|---|
| 1 | | | | | | | |
| 2 | 收益计划 | | | | | | |
| 3 | | | | 第1年 | 第2年 | 第3年 | |
| 4 | 销货收入 | | 元 | 800,000 | 1,040,000 | 1,352,000 | |
| 5 | 销货数量 | | 个 | 1,000 | 1,300 | 1,690 | |
| 6 | 增长率 | | % | N/A | 30% | 30% | |
| 7 | 单价 | | 元 | 800 | 800 | 800 | |
| 8 | 费用 | | 元 | 300,000 | 500,000 | 700,000 | |
| 9 | 薪资支出 | | 元 | 200,000 | 400,000 | 600,000 | |
| 10 | 员工人数 | | 人 | 1 | 2 | 3 | |
| 11 | 平均薪资支出 | | 元 | 200,000 | 200,000 | 200,000 | |
| 12 | 租金 | | 元 | 100,000 | 100,000 | 100,000 | |
| 13 | 营业净利 | | 元 | 500,000 | 540,000 | 652,000 | |

*数字比较圆润，看起来比较拥挤！*

⭕ Arial字体的英文数字

| | A B C | D | E | F | G | H | I |
|---|---|---|---|---|---|---|---|
| 1 | | | | | | | |
| 2 | 收益计划 | | | | | | |
| 3 | | | | 第1年 | 第2年 | 第4年 | |
| 4 | 销货收入 | | 元 | 800,000 | 1,040,000 | 1,352,000 | |
| 5 | 销货数量 | | 个 | 1,000 | 1,300 | 1,690 | |
| 6 | 增长率 | | % | N/A | 30% | 30% | |
| 7 | 单价 | | 元 | 800 | 800 | 800 | |
| 8 | 费用 | | 元 | 300,000 | 500,000 | 700,000 | |
| 9 | 薪资支出 | | 元 | 200,000 | 400,000 | 600,000 | |
| 10 | 员工人数 | | 人 | 1 | 2 | 3 | |
| 11 | 平均薪资支出 | | 元 | 200,000 | 200,000 | 200,000 | |
| 12 | 租金 | | 元 | 100,000 | 100,000 | 100,000 | |
| 13 | 营业净利 | | 元 | 500,000 | 540,000 | 652,000 | |

*数字比较细长，看起来比较清楚！*

**图1-8** | 有型，不一定容易阅读

✘ Times New Roman的英文数字

| | | | | 第1年 | 第2年 | 第3年 |
|---|---|---|---|---|---|---|
| 收益计划 | | | | | | |
| 销货收入 | | 元 | | 800,000 | 1,040,000 | 1,352,000 |
| 销货数量 | | 个 | | 1,000 | 1,300 | 1,690 |
| 增长率 | | % | | N/A | 30% | 30% |
| 单价 | | 元 | | 800 | 800 | 800 |
| 费用 | | 元 | | 300,000 | 500,000 | 700,000 |
| 薪资支出 | | 元 | | 200,000 | 400,000 | 600,000 |
| 员工人数 | | 元 | | 1 | 2 | 3 |
| 平均薪资支出 | | 元 | | 200,000 | 200,000 | 200,000 |
| 租金 | | 元 | | 100,000 | 100,000 | 100,000 |
| 营业净利 | | 元 | | 500,000 | 540,000 | 652,000 |

*虽然有型，却不容易阅读。*

◯ Arial的英文数字

| | | | | 第1年 | 第1年 | 第3年 |
|---|---|---|---|---|---|---|
| 收益计划 | | | | | | |
| 销货收入 | | 元 | | 800,000 | 1,040,000 | 1,352,000 |
| 销货数量 | | 个 | | 1,000 | 1,300 | 1,690 |
| 增长率 | | % | | N/A | 30% | 30% |
| 单价 | | 元 | | 800 | 800 | 800 |
| 费用 | | 元 | | 300,000 | 500,000 | 700,000 |
| 薪资支出 | | 元 | | 200,000 | 400,000 | 600,000 |
| 员工人数 | | 人 | | 1 | 2 | 3 |
| 平均薪资支出 | | 元 | | 200,000 | 200,000 | 200,000 |
| 租金 | | 元 | | 100,000 | 100,000 | 100,000 |
| 营业净利 | | 元 | | 500,000 | 540,000 | 652,000 |

*数字粗细一致，看起来比较清楚。*

　　至于中文的字体，则采用默认值的MS PGothic。MS PGothic和Arial一样，文字的线粗细一致，因此比较容易阅读。

　　如图1-9所示，字体的大小可以维持原先的默认值"11"。需要注意的是，表格当中不应该使用不同大小的字体。因为一旦混用不同大小的字体，整张表格的协调性会很难维持。若字体的大小一致，对阅读者也不会造成压力。如果有想要强调的部分，可以用颜色特别标示出来，而不是刻意把字体放大。

**图1-9　字号也要统一**

整张表格很难阅读！

## ○ 字号一致

| | 单位 | 第1年 | 第2年 | 第3年 |
|---|---|---|---|---|
| 收益计划 | | | | |
| 销货收入 | 元 | 800,000 | 1,040,000 | 1,352,000 |
| 销货数量 | 个 | 1,000 | 1,300 | 1,690 |
| 增长率 | % | N/A | 30% | 30% |
| 单价 | 元 | 800 | 800 | 800 |
| 费用 | 元 | 300,000 | 500,000 | 700,000 |
| 薪资支出 | 元 | 200,000 | 400,000 | 600,000 |
| 员工人数 | 人 | 1 | 2 | 3 |
| 平均薪资支出 | 元 | 200,000 | 200,000 | 200,000 |
| 租金 | 元 | 100,000 | 100,000 | 100,000 |
| 营业净利 | 元 | 500,000 | 540,000 | 652,000 |

*整张表格都很清楚!*

---

**图1-10** | **字体的调整方式**

① 先全选表格,再单击右键。

② 单击这里,选择Arial。

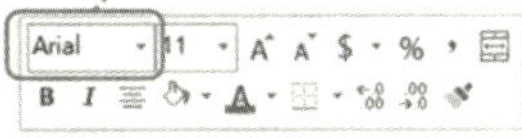

## 3 | 数字用千分撇区隔

如图1-11所示，数字要用千分撇标出位数。因为如果没有千分撇的话，就必须一个一个计算位数，但如果有千分撇的话，就可以一目了然了。所以为了让数字更容易理解，请记得一定要加上千分撇。

**图1-11** 数字必须加上千分撇

| ✖ 没有千分撇 | | | | |
|---|---|---|---|---|
| | | 第1年 | 第2年 | 第3年 |
| 收益计划 | | | | |
| 销货收入 | 元 | 800000 | 1040000 | 1352000 |
| 销货数量 | 个 | 1000 | 1300 | 1690 |
| 增长率 | % | N/A | 30% | 30% |
| 单价 | 元 | 800 | 800 | 800 |
| 费用 | 元 | 300000 | 500000 | 700000 |
| 薪资支出 | 元 | 200000 | 400000 | 600000 |
| 员工人数 | 人 | 1 | 2 | 3 |
| 平均薪资支出 | 元 | 200000 | 200000 | 200000 |
| 租金 | 元 | 100000 | 100000 | 100000 |
| 营业净利 | 元 | 500000 | 540000 | 652000 |

数字很不容易阅读！

## ⭕ 加上千分撇

| | A B C | D | E | F | G | H | I |
|---|---|---|---|---|---|---|---|
| 1 | | | | | | | |
| 2 | 收益计划 | | | | | | |
| 3 | | | | 第1年 | 第2年 | 第3年 | |
| 4 | 销货收入 | | 元 | 800,000 | 1,040,000 | 1,352,000 | |
| 5 | 销货数量 | | 个 | 1,000 | 1,300 | 1,690 | |
| 6 | 增长率 | | % | N/A | 30% | 30% | |
| 7 | 单价 | | 元 | 800 | 800 | 800 | |
| 8 | 费用 | | 元 | 300,000 | 500,000 | 700,000 | |
| 9 | 薪资支出 | | 元 | 200,000 | 400,000 | 600,000 | |
| 10 | 员工人数 | | 人 | 1 | 2 | 3 | |
| 11 | 平均薪资支出 | | 元 | 200,000 | 200,000 | 200,000 | |
| 12 | 租金 | | 元 | 100,000 | 100,000 | 100,000 | |
| 13 | 营业净利 | | 元 | 500,000 | 540,000 | 652,000 | |

*能快速掌握数字*

　　既然提到千分撇了，也顺便讨论一下货币单位的表现方式吧。当金额较大的时候，我们通常会以"千元"为单位，省略百位数以下的3个0。因为如果以"元"为单位，在位数太多的情况下，阅读者则不容易读取数字。如图1-12所示，当我们加上货币单位时，会以三个位值为基准，也就是以"千元""百万元"或"十亿元"为单位。这也是为了配合Excel的千分位符号。虽然中文中也会使用"万元"或"亿元"等单位，但Excel并不使用这些位。

## 图1-12 | 单位必须配合千分撇

|  |  | （日文） | （英文） |
|---|---|---|---|
| 1,000 |  | 千元 | Thousand |
| 1,000,000 |  | 百万元 | Million |
| 1,000,000,000 |  | 十亿元 | Billion |

不管是日文或英文，使用的单位都应该配合千分撇。

## 图1-13 | 千分撇的标示方式

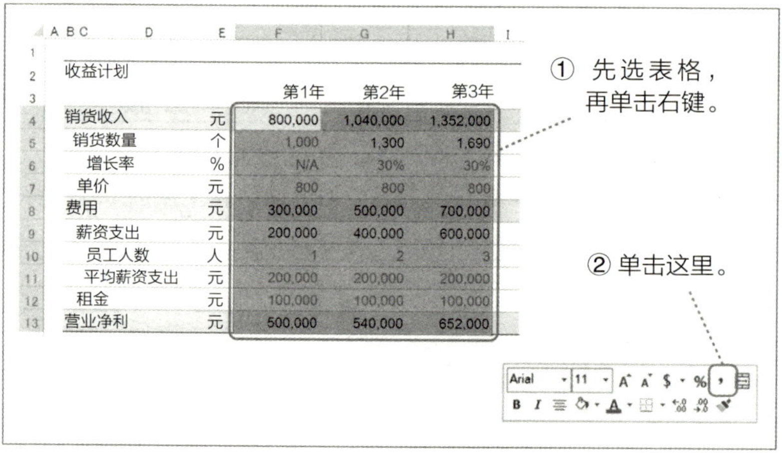

① 先选表格，
再单击右键。

② 单击这里。

## 4 | 项目下的细项要缩排

在Excel的表格中，如果想让对方一眼就看懂数据的含义或计算方式，建议最好把项目下的细项向右缩排。请参考图1-14。在上面的表格当中，所有项目都靠左对齐。如此一来，我们就无法知道销货收入或费用是怎么计算出来的。此时，如果能像下面的表格一样，把细项向右缩一排，那么就能很清楚地知道，销货收入是由"销货数量×单价"计算出来的结果。

在投资银行，项目向右缩排的规定执行得十分彻底。因为投资银行使用的Excel表格，内容往往多达数十行，整体看下来非常长。在看这些表格的时候，如果不能立即了解表格的架构，便无法正确理解大量的计算数据。所以，把项目下的细项向右缩排，才能让即使是初次接触表格的人，也能轻易地掌握整体的架构。

如图1-15所示，细项缩排的方式有几个步骤，包括选取要缩排的那一栏、设定栏宽、输入细项的文字，或者是移动已经输入的文字等。要缩排的栏（空白的栏）栏宽请设定为"1"。

把细项向右缩排，不仅能使表格的架构看起来更清楚，还能够提高Excel的作业速度。

## 图1-14 细项缩排，让计算的架构更清楚

✖ 所有项目部靠左对齐

| | A B C | D | E | F | G | H | I |
|---|---|---|---|---|---|---|---|
| 1 | | | | | | | |
| 2 | 收益计划 | | | | | | |
| 3 | | | | 第1年 | 第2年 | 第3年 | |
| 4 | 销货收入 | | 元 | 800,000 | 1,040,000 | 1,352,000 | |
| 5 | 销货数量 | | 个 | 1,000 | 1,300 | 1,690 | |
| 6 | 增长率 | | % | N/A | 30% | 30% | |
| 7 | 单价 | | 元 | 800 | 800 | 800 | |
| 8 | 费用 | | 元 | 300,000 | 500,000 | 700,000 | |
| 9 | 薪资支出 | | 元 | 200,000 | 400,000 | 600,000 | |
| 10 | 员工人数 | | 人 | 1 | 2 | 3 | |
| 11 | 平均薪资支出 | | 元 | 200,000 | 200,000 | 200,000 | |
| 12 | 租金 | | 元 | 100,000 | 100,000 | 100,000 | |
| 13 | 营业净利 | | 元 | 500,000 | 540,000 | 652,000 | |

*不容易理解计算的架构！*

⭕ 细项向右缩排

| | A B C | D | E | F | G | H | I |
|---|---|---|---|---|---|---|---|
| 1 | | | | | | | |
| 2 | 收益计划 | | | | | | |
| 3 | | | | 第1年 | 第2年 | 第3年 | |
| 4 | 销货收入 | | 元 | 800,000 | 1,040,000 | 1,352,000 | |
| 5 | 　销货数量 | | 个 | 1,000 | 1,300 | 1,690 | |
| 6 | 　增长率 | | % | N/A | 30% | 30% | |
| 7 | 　单价 | | 元 | 800 | 800 | 800 | |
| 8 | 费用 | | 元 | 300,000 | 500,000 | 700,000 | |
| 9 | 　薪资支出 | | 元 | 200,000 | 400,000 | 600,000 | |
| 10 | 　员工人数 | | 人 | 1 | 2 | 3 | |
| 11 | 　平均薪资支出 | | 元 | 200,000 | 200,000 | 200,000 | |
| 12 | 　租金 | | 元 | 100,000 | 100,000 | 100,000 | |
| 13 | 营业净利 | | 元 | 500,000 | 540,000 | 652,000 | |

*计算的架构清楚明了！*

## 图1-15 栏宽的调整方式

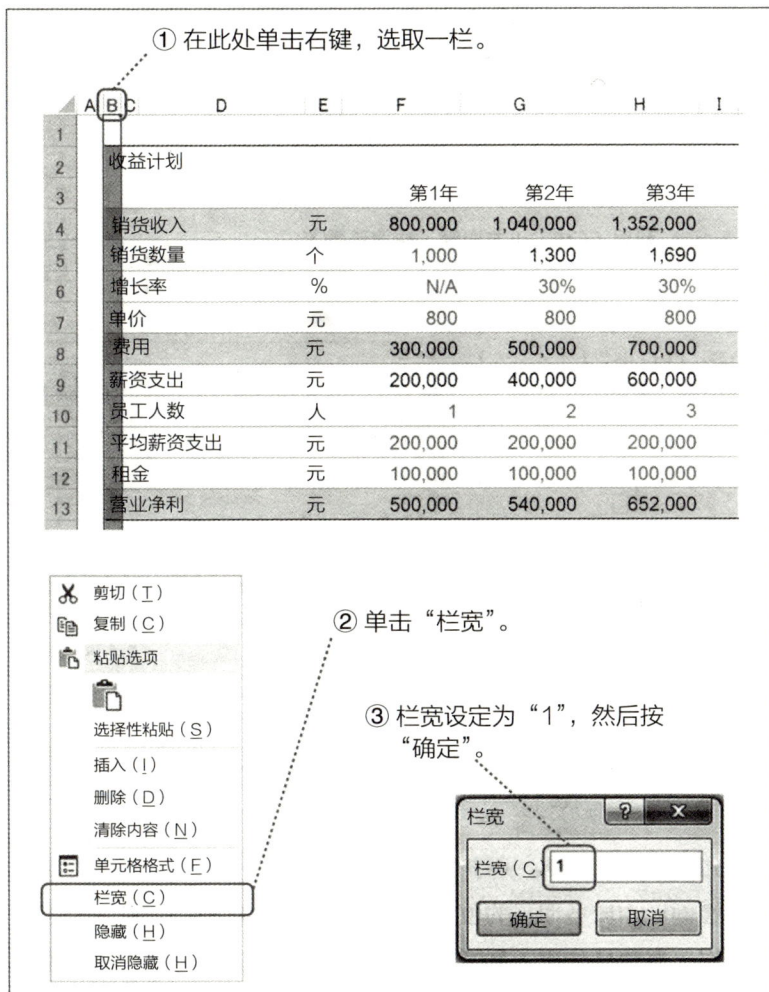

① 在此处单击右键，选取一栏。

| | 收益计划 | | | | |
|---|---|---|---|---|---|
| | | | 第1年 | 第2年 | 第3年 |
| 销货收入 | 元 | | 800,000 | 1,040,000 | 1,352,000 |
| 销货数量 | 个 | | 1,000 | 1,300 | 1,690 |
| 增长率 | % | | N/A | 30% | 30% |
| 单价 | 元 | | 800 | 800 | 800 |
| 费用 | 元 | | 300,000 | 500,000 | 700,000 |
| 薪资支出 | 元 | | 200,000 | 400,000 | 600,000 |
| 员工人数 | 人 | | 1 | 2 | 3 |
| 平均薪资支出 | 元 | | 200,000 | 200,000 | 200,000 |
| 租金 | 元 | | 100,000 | 100,000 | 100,000 |
| 营业净利 | 元 | | 500,000 | 540,000 | 652,000 |

剪切（T）
复制（C）
粘贴选项
选择性粘贴（S）
插入（I）
删除（D）
清除内容（N）
单元格格式（F）
栏宽（C）
隐藏（H）
取消隐藏（H）

② 单击"栏宽"。

③ 栏宽设定为"1"，然后按"确定"。

栏宽
栏宽（C）1
确定　取消

使用Excel的时候，比想象中更费时的，其实是在单元格之间移动所花费的时间。在移动单元格时，一种方法是连续按箭头键以移动到目的位置，另一种方法则是使用鼠标的滚轮，但无论是前者还是后者，这两种方式都相当费时。但就像图1-16所示，只要细项缩排，就能够用〔Ctrl〕＋箭头键的方式，在单元格间快速移动。

**图1-16　利用[ Ctrl ]+箭头键，快速移动!**

① 按 [ Ctrl ] + [ ↓ ]，
跳到"费用"。

② 按 [ ↓ ][ → ]，
移动到费用项下
的"薪资支出"。

③ 按 [ Ctrl ] + [ ↓ ]，
跳到"租金"。

移动速度变快了!

| | A B C | D | E | F | G | H | I |
|---|---|---|---|---|---|---|---|
| 1 | | | | | | | |
| 2 | 收益计划 | | | | | | |
| 3 | | | | 第1年 | 第2年 | 第3年 | |
| 4 | 销货收入 | 元 | | 800,000 | 1,040,000 | 1,352,000 | |
| 5 | 销货数量 | 个 | | 1,000 | 1,300 | 1,690 | |
| 6 | 增长率 | % | | N/A | 30% | 30% | |
| 7 | 单价 | 元 | | 800 | 800 | 800 | |
| 8 | 费用 | 元 | | 300,000 | 500,000 | 700,000 | |
| 9 | 薪资支出 | 元 | | 200,000 | 400,000 | 600,000 | |
| 10 | 员工人数 | 人 | | 1 | 2 | 3 | |
| 11 | 平均薪资支出 | 元 | | 200,000 | 200,000 | 200,000 | |
| 12 | 租金 | 元 | | 100,000 | 100,000 | 100,000 | |
| 13 | 营业净利 | 元 | | 500,000 | 540,000 | 652,000 | |

**5 | 单位要自成一栏**

如图1-17所示，若把"元""个""%"等单位放在项目名称后面，由于各单位的位置前后不一，我们很难一眼就找到单位在哪里。为了让单位的位置更加明确，此处应该增加一栏专用的栏位，把单位统一输入到该栏中。

## 图1-17 | 单位要自成一栏

### ✗ 单位未自成一栏

| | A B C | D | E | F | G | H | I |
|---|---|---|---|---|---|---|---|
| 1 | | | | | | | |
| 2 | 收益计划 | | | | | | |
| 3 | | | | 第1年 | 第2年 | 第3年 | |
| 4 | 销货收入（元） | | | 800,000 | 1,040,000 | 1,352,000 | |
| 5 | 销货数量（个） | | | 1,000 | 1,300 | 1,690 | |
| 6 | 增长率（%） | | | N/A | 30% | 30% | |
| 7 | 单价（元） | | | 800 | 800 | 800 | |
| 8 | 费用（元） | | | 300,000 | 500,000 | 700,000 | |
| 9 | 薪资支出（元） | | | 200,000 | 400,000 | 600,000 | |
| 10 | 员工人数（人） | | | 1 | 2 | 3 | |
| 11 | 平均薪资支出（元） | | | 200,000 | 200,000 | 200,000 | |
| 12 | 租金（元） | | | 100,000 | 100,000 | 100,000 | |
| 13 | 营业净利（元） | | | 500,000 | 540,000 | 652,000 | |

*找不到单位在哪里！*

### ○ 单位自成一栏

| | A B C | D | E | F | G | H | I |
|---|---|---|---|---|---|---|---|
| 1 | | | | | | | |
| 2 | 收益计划 | | | | | | |
| 3 | | | | 第1年 | 第2年 | 第3年 | |
| 4 | 销货收入 | | 元 | 800,000 | 1,040,000 | 1,352,000 | |
| 5 | 销货数量 | | 个 | 1,000 | 1,300 | 1,690 | |
| 6 | 增长率 | | % | N/A | 30% | 30% | |
| 7 | 单价 | | 元 | 800 | 800 | 800 | |
| 8 | 费用 | | 元 | 300,000 | 500,000 | 700,000 | |
| 9 | 薪资支出 | | 元 | 200,000 | 400,000 | 600,000 | |
| 10 | 员工人数 | | 人 | 1 | 2 | 3 | |
| 11 | 平均薪资支出 | | 元 | 200,000 | 200,000 | 200,000 | |
| 12 | 租金 | | 元 | 100,000 | 100,000 | 100,000 | |
| 13 | 营业净利 | | 元 | 500,000 | 540,000 | 652,000 | |

*一下子就看到单位了！*

## 6 │ 设定栏宽的原则

设定栏宽的基本原则，是要让项目里的文字、数字都能完完整整地呈现在表格上。接下来就从最左边开始，逐一说明何谓正确的栏宽格式吧。

请看图1-18。B栏和C栏是给项目底下的细项缩排用的栏位，因此栏宽如前文所述设定为"1"。D栏应配合项目的文字调整栏宽，使字数较多的项目也能完整呈现。单位栏的栏宽也一样。

图1-18 │ 设定栏宽的原则

| | 第1年 | 第2年 | 第3年 |
|---|---|---|---|
| 收益计划 | | | |
| 销货收入 元 | 800,000 | 1,040,000 | 1,352,000 |
| 销货数量 个 | 1,000 | 1,300 | 1,690 |
| 增长率 % | N/A | 30% | 30% |
| 单价 元 | 800 | 800 | 800 |
| 费用 元 | 300,000 | 500,000 | 700,000 |
| 薪资支出 元 | 200,000 | 400,000 | 600,000 |
| 员工人数 人 | 1 | 2 | 3 |
| 平均薪资支出 元 | 200,000 | 200,000 | 200,000 |
| 租金 元 | 100,000 | 100,000 | 100,000 |
| 营业净利 元 | 500,000 | 540,000 | 652,000 |

① 栏宽为1。
② 配合项目名称的长度调整栏宽。
③ 配合单位的长度调整栏宽。
④ 把F～H栏设定为相同的宽度，会让表格看起来比较整齐。
⑤ 最右边插入一栏空白栏，能让表格看起来更舒服（栏宽为3）。

接下来看数字的栏位。若"第1年""第2年"和"第3年"的栏宽不一致，会使整张表格看起来不够整齐，因此必须配合三栏当中位数最多的数字，设定统一的栏宽。在这张图中，F、G和H的栏宽都一样。

最后补充一个较细微的部分，就是在表格的最右侧加上一栏空白栏，会让整张表格看起来更美观。最后一栏的栏宽就请设定为"3"吧。

## 7 ｜ 表格框线的原则：上下粗，其余细

虽然说表格不能没有框线，但也不是全部画上外框线就可以了。想要做出一目了然的表格，就必须制定出明确的框线原则。

以图1-19的上表为例，如果把表格用Excel默认的实线框成格子状的话，由于区隔整张表格的线条粗细都一样，因此表格中的数字会变得非常难以阅读。此外，表格本身也显得相当死板。

如果想要制作出像下表一样，数字清楚、版面利落的表格，就要运用不同粗细的线条，才能让整张表格看起来一目了然。线条的选择方式见图1-20。原则就是不要使用太粗的线条，也不要使用多余的线条。具体来说，表格的最上端和最下端可以使用粗线，以标示出表格的范围。至于表格中间，只要使用最细的虚线画横线即可。

读到这里，或许有人会疑惑：不需要使用直线吗？原则上来说，表格是不需要直线的。至于不需要直线的理由，请容我在后续章节再向各位说明。

## 图1-19 | 线条少一点，细一点

**✗ 所有框线的样式都一样**

| | A B C | D | E | F | G | H | I |
|---|---|---|---|---|---|---|---|
| 2 | 收益计划 | | | | | | |
| 3 | | | | 第1年 | 第1年 | 第1年 | |
| 4 | 销货收入 | | 元 | 800,000 | 1,040,000 | 1,352,000 | |
| 5 | 销货数量 | | 个 | 1,000 | 1,300 | 1,690 | |
| 6 | 增长率 | | % | N/A | 30% | 30% | |
| 7 | 单价 | | 元 | 800 | 800 | 800 | |
| 8 | 费用 | | 元 | 300,000 | 500,000 | 700,000 | |
| 9 | 薪资支出 | | 元 | 200,000 | 400,000 | 600,000 | |
| 10 | 员工人数 | | 人 | 1 | 2 | 3 | |
| 11 | 平均薪资支出 | | 元 | 200,000 | 200,000 | 200,000 | |
| 12 | 租金 | | 元 | 100,000 | 100,000 | 100,000 | |
| 13 | 营业净利 | | 元 | 500,000 | 540,000 | 652,000 | |

*线条太过显眼，很容易让人分心！*

**⭕ 框线有粗有细**

| | A B C | D | E | F | G | H | I |
|---|---|---|---|---|---|---|---|
| 2 | 收益计划 | | | | | | |
| 3 | | | | 第1年 | 第2年 | 第3年 | |
| 4 | 销货收入 | | 元 | 800,000 | 1,040,000 | 1,352,000 | |
| 5 | 销货数量 | | 个 | 1,000 | 1,300 | 1,690 | |
| 6 | 增长率 | | % | N/A | 30% | 30% | |
| 7 | 单价 | | 元 | 800 | 800 | 800 | |
| 8 | 费用 | | 元 | 300,000 | 500,000 | 700,000 | |
| 9 | 薪资支出 | | 元 | 200,000 | 400,000 | 600,000 | |
| 10 | 员工人数 | | 人 | 1 | 2 | 3 | |
| 11 | 平均薪资支出 | | 元 | 200,000 | 200,000 | 200,000 | |
| 12 | 租金 | | 元 | 100,000 | 100,000 | 100,000 | |
| 13 | 营业净利 | | 元 | 500,000 | 540,000 | 652,000 | |

*整体看起来相当利落，很容易阅读！*

上表是用Excel预设的实线，画出格子状的框线。下表只用粗线和细虚线，画出必要的框线。

## 图1-20 线条的选择方式

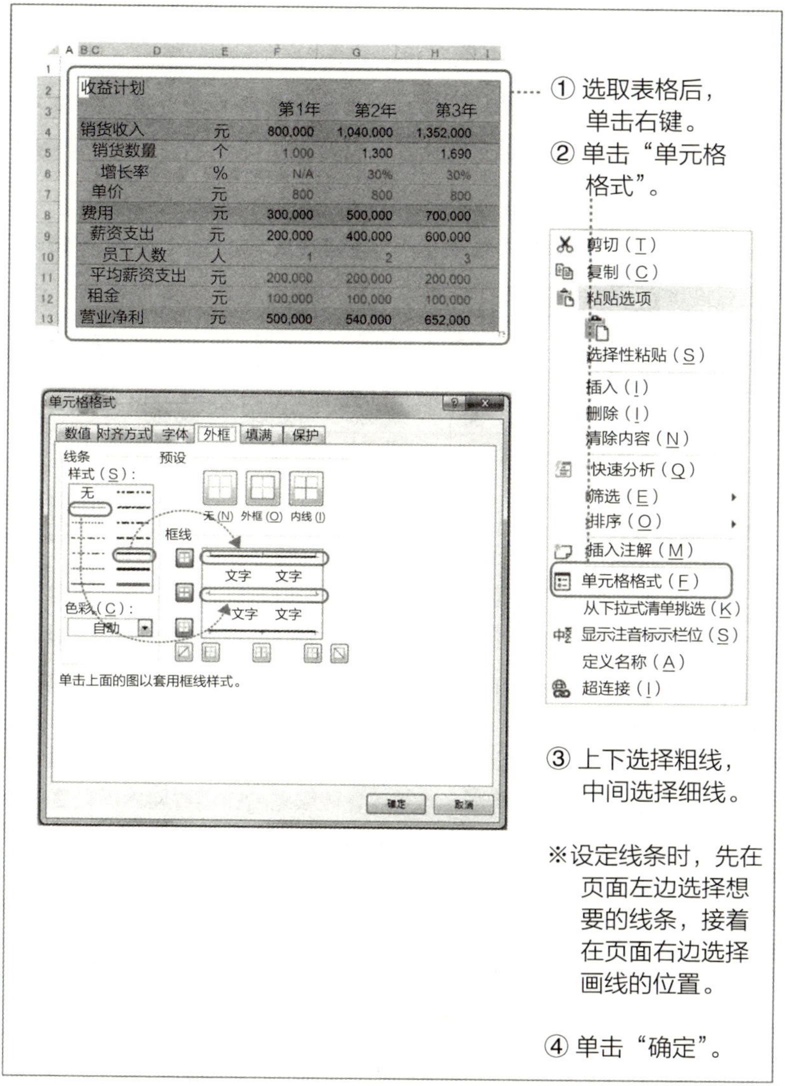

① 选取表格后，单击右键。
② 单击"单元格格式"。

| | |
|---|---|
| ✂ | 剪切（T） |
| 📋 | 复制（C） |
| 📋 | 粘贴选项 |
| | 选择性粘贴（S） |
| | 插入（I） |
| | 删除（I） |
| | 清除内容（N） |
| 📊 | 快速分析（Q） |
| | 筛选（E）▶ |
| | 排序（O）▶ |
| 📝 | 插入注解（M） |
| ⊞ | 单元格格式（F） |
| | 从下拉式清单挑选（K） |
| 中文 | 显示注音标示栏位（S） |
| | 定义名称（A） |
| 🔗 | 超连接（I） |

③ 上下选择粗线，中间选择细线。

※设定线条时，先在页面左边选择想要的线条，接着在页面右边选择画线的位置。

④ 单击"确定"。

专栏 投资银行的Excel经过特殊设计

专栏　投资银行的Excel经过特殊设计

　　投资银行使用的Excel，比一般的Excel稍微特殊一点。比方说像刚才介绍的框线画法、栏宽的调整等，都只要按一个键就能完成修正。这样的设计，不但能够加快作业速度，格式也不容易乱掉。

　　此外，公司也为提高Excel的作业效率做了很多努力，例如设计一套公司内部专用的快捷键等。因此，像我这种离开投资银行后还继续使用Excel的人，也会因为必须重新熟悉一般预设的快捷键，或是得逐一动手修改格式而感到心力交瘁。

## 8 │ 文字靠左对齐，数字靠右对齐

　　文字或数字的位置若参差不齐，会阻碍阅读。至于文字或数字应该靠左还是靠右对齐，则取决于从哪一端开始读起。

　　如图1-21所示，文字的阅读方向是由左而右。相对于此，数字的阅读方向则是由右到左。因为一般在看数字的时候，习惯从右边开始，个、十、百、千、万……如此计算位数。

　　文字或数字对齐的位置，必须以阅读的起点为准，文字靠左对齐，数字靠右对齐。

**图1-21** **文字靠左对齐，数字靠右对齐**

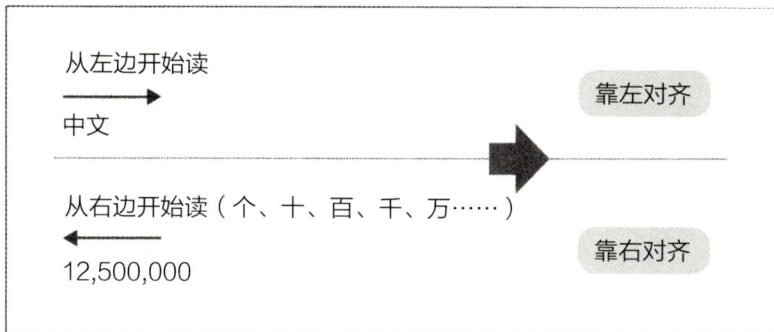

从左边开始读

中文　　　　　　　　　　　　　　　　靠左对齐

从右边开始读（个、十、百、千、万……）

12,500,000　　　　　　　　　　　　　靠右对齐

　　有的时候，我们会看到像图1-22这种数字居中的表格。就算不是所有数字都居中，也还是会有人把增长率等位数较少的数字居中，对吧？不过，如果不把数字全部靠右对齐，视觉上会很不美观，所以还是别再这么做了。

　　把数字靠右对齐其实还有一个理由。正如图1-23所示，正确的表格格式是没有直线的。所以如果能把数字全部靠右对齐的话，即使没有直线，也不会造成数字在阅读上的困扰。如此一来，表格也不必添加多余的线条，反而显得简洁易读多了。因此，请务必严守这项原则：删除不必要的线条。

　　虽说文字靠左对齐、数字靠右对齐是基本原则，但若完全遵循基本原则，表格之中反而会有一部分变得很难看，就是数字栏位上方的项目名称。假如按照基本原则设定的话，项目名称和数字的位置会不一致，也就不容易看出两者之间的关联。

## 图1-22 | 数字靠右对齐，比较容易辨识位数

**✖ 数字未靠右对齐**

| | 收益计划 | | | | 第1年 | 第2年 | 第3年 |
|---|---|---|---|---|---|---|---|
| 销货收入 | 元 | | | | 800,000 | 1,040,000 | 1,352,000 |
| 销货数量 | 个 | | | | 1,000 | 1,300 | 1,690 |
| 增长率 | % | | | | N/A | 30% | 30% |
| 单价 | 元 | | | | 800 | 800 | 800 |
| 费用 | 元 | | | | 300,000 | 500,000 | 700,000 |
| 薪资支出 | 元 | | | | 200,000 | 400,000 | 600,000 |
| 员工人数 | 人 | | | | 1 | 2 | 3 |
| 平均薪资支出 | 元 | | | | 200,000 | 200,000 | 200,000 |
| 租金 | 元 | | | | 100,000 | 100,000 | 100,000 |
| 营业净利 | 元 | | | | 500,000 | 540,000 | 652,000 |

*不容易辨识位数！*

**◯ 数字靠右对齐**

| | 收益计划 | | | | 第1年 | 第2年 | 第3年 |
|---|---|---|---|---|---|---|---|
| 销货收入 | 元 | | | | 800,000 | 1,040,000 | 1,352,000 |
| 销货数量 | 个 | | | | 1,000 | 1,300 | 1,690 |
| 增长率 | % | | | | N/A | 30% | 30% |
| 单价 | 元 | | | | 800 | 800 | 800 |
| 费用 | 元 | | | | 300,000 | 500,000 | 700,000 |
| 薪资支出 | 元 | | | | 200,000 | 400,000 | 600,000 |
| 员工人数 | 人 | | | | 1 | 2 | 3 |
| 平均薪资支出 | 元 | | | | 200,000 | 200,000 | 200,000 |
| 租金 | 元 | | | | 100,000 | 100,000 | 100,000 |
| 营业净利 | 元 | | | | 500,000 | 540,000 | 652,000 |

*位数一清二楚！*

上表的数字居中对齐，因此不容易辨识位数的差异。下表的数字靠右对齐，因此位数的差异一目了然。

## 图1-23 | 不需要直线的理由

数字靠右对齐

| | | | 第1年 | 第2年 | 第3年 |
|---|---|---|---|---|---|
| 收益计划 | | | | | |
| 销货收入 | 元 | 800,000 | 1,040,000 | 1,352,000 |
| 销货数量 | 个 | 1,000 | 1,300 | 1,690 |
| 增长率 | % | N/A | 30% | 30% |
| 单价 | 元 | 800 | 800 | 800 |
| 费用 | 元 | 300,000 | 500,000 | 700,000 |
| 薪资支出 | 元 | 200,000 | 400,000 | 600,000 |
| 员工人数 | 人 | 1 | 2 | 3 |
| 平均薪资支出 | 元 | 200,000 | 200,000 | 200,000 |
| 租金 | 元 | 100,000 | 100,000 | 100,000 |
| 营业净利 | 元 | 500,000 | 540,000 | 652,000 |

因为靠右对齐，所以不必再画直线！

在图1-24的上表中，数字上方的项目名称"第2年"是靠左对齐，下方的数字则是靠右对齐。这样的设定虽未违背基本原则，但反而容易让人感到困惑，不知道"第2年"究竟是"800,000"那一栏的项目名称，还是"1,040,000"那一栏的项目名称。当表格里面存在太多令人困惑的设定时，阅读Excel就很容易成为一种压力。

为了避免这种情况发生，设定格式时，在数字栏的项目名称部分，要把文字配合数字靠右对齐。如图1-24的下表所示，项目名称一律靠右对齐，如此一来，便能很清楚地知道"第2年"是"1,040,000"那一栏的项目名称了。

## 图1-24 | 项目名称的文字应配合数字，靠右对齐

✖ 项目名称的文字靠左对齐　　搞不清楚是哪一栏的项目名称！

| | A B C | D | E | F | G | H | I |
|---|---|---|---|---|---|---|---|
| 1 | | | | | | | |
| 2 | 收益计划 | | | | | | |
| 3 | | | | 第1年 | 第2年 | 第3年 | |
| 4 | 销货收入 | | 元 | 800,000 | 1,040,000 | 1,352,000 | |
| 5 | 销货数量 | | 个 | 1,000 | 1,300 | 1,690 | |
| 6 | 增长率 | | % | N/A | 30% | 30% | |
| 7 | 单价 | | 元 | 800 | 800 | 800 | |
| 8 | 费用 | | 元 | 300,000 | 500,000 | 700,000 | |
| 9 | 薪资支出 | | 元 | 200,000 | 400,000 | 600,000 | |
| 10 | 员工人数 | | 人 | 1 | 2 | 3 | |
| 11 | 平均薪资支出 | | 元 | 200,000 | 200,000 | 200,000 | |
| 12 | 租金 | | 元 | 100,000 | 100,000 | 100,000 | |
| 13 | 营业净利 | | 元 | 500,000 | 540,000 | 652,000 | |

○ 项目名称的文字靠右对齐　　一律靠右对齐，一目了然！

| | A B C | D | E | F | G | H | I |
|---|---|---|---|---|---|---|---|
| 1 | | | | | | | |
| 2 | 收益计划 | | | | | | |
| 3 | | | | 第1年 | 第2年 | 第3年 | |
| 4 | 销货收入 | | 元 | 800,000 | 1,040,000 | 1,352,000 | |
| 5 | 销货数量 | | 个 | 1,000 | 1,300 | 1,690 | |
| 6 | 增长率 | | % | N/A | 30% | 30% | |
| 7 | 单价 | | 元 | 800 | 800 | 800 | |
| 8 | 费用 | | 元 | 300,000 | 500,000 | 700,000 | |
| 9 | 薪资支出 | | 元 | 200,000 | 400,000 | 600,000 | |
| 10 | 员工人数 | | 人 | 1 | 2 | 3 | |
| 11 | 平均薪资支出 | | 元 | 200,000 | 200,000 | 200,000 | |
| 12 | 租金 | | 元 | 100,000 | 100,000 | 100,000 | |
| 13 | 营业净利 | | 元 | 500,000 | 540,000 | 652,000 | |

图1-25 | 文字靠右对齐的设定方式

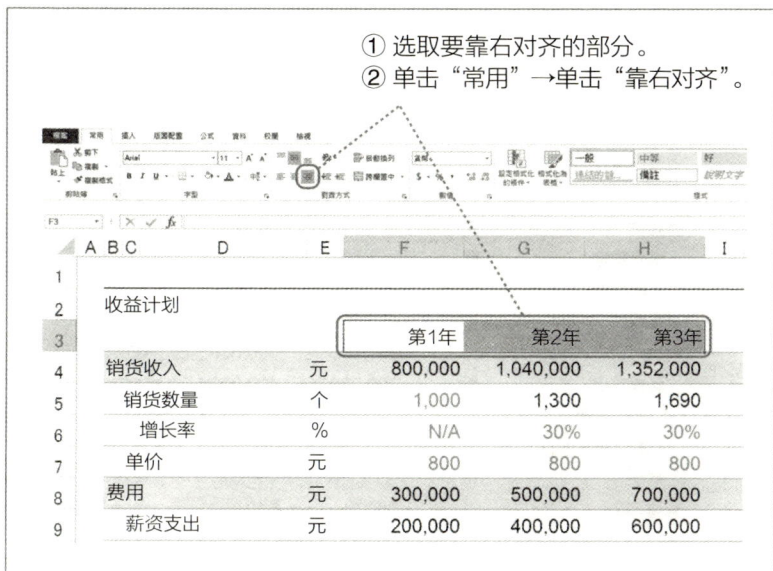

① 选取要靠右对齐的部分。
② 单击"常用"→单击"靠右对齐"。

| | | 第1年 | 第2年 | 第3年 |
|---|---|---|---|---|
| 收益计划 | | | | |
| 销货收入 | 元 | 800,000 | 1,040,000 | 1,352,000 |
| 销货数量 | 个 | 1,000 | 1,300 | 1,690 |
| 增长率 | % | N/A | 30% | 30% |
| 单价 | 元 | 800 | 800 | 800 |
| 费用 | 元 | 300,000 | 500,000 | 700,000 |
| 薪资支出 | 元 | 200,000 | 400,000 | 600,000 |

## 9 | 表格不要从A1单元格开始

如图1-26所示，用Excel制作表格时，很多人习惯从工作表左上角的"A1"单元格开始，但正确的表格格式应该是从"B2"开始才对。

表格若从"A1"开始的话，一来页面上看不见上方的框线，二来表格的左侧也没有空间。如果从"B2"开始的话，上面空一行，左边空一栏，不但能够看见上方的框线，也能够很清楚地掌握表格的范围。此外，左边空出一栏，也可以确认是不是有多余的直线。

## 图1-26 | 表格不要从A1单元格开始

✖ 从A1单元格开始的表格

| A B | C | D | E | F | G | H |
|---|---|---|---|---|---|---|
| 1 收益计划 | | | | | | |
| 2 | | | 第1年 | 第2年 | 第3年 | |
| 3 销货收入 | | 元 | 800,000 | 1,040,000 | 1,352,000 | |
| 4 销货数量 | | 个 | 1,000 | 1,300 | 1,690 | |
| 5 增长率 | | % | N/A | 30% | 30% | |
| 6 单价 | | 元 | 800 | 800 | 800 | |
| 7 费用 | | 元 | 300,000 | 500,000 | 700,000 | |
| 8 薪资支出 | | 元 | 200,000 | 400,000 | 600,000 | |
| 9 员工人数 | | 人 | 1 | 2 | 3 | |
| 10 平均薪资支出 | | 元 | 200,000 | 200,000 | 200,000 | |
| 11 租金 | | 元 | 100,000 | 100,000 | 100,000 | |
| 12 营业净利 | | 元 | 500,000 | 540,000 | 652,000 | |

*看不到表格外框！*

⭕ 从B2单元格开始的表格

| A B C | D | E | F | G | H | I |
|---|---|---|---|---|---|---|
| 1 | | | | | | |
| 2 收益计划 | | | | | | |
| 3 | | | 第1年 | 第2年 | 第3年 | |
| 4 销货收入 | 元 | | 800,000 | 1,040,000 | 1,352,000 | |
| 5 销货数量 | 个 | | 1,000 | 1,300 | 1,690 | |
| 6 增长率 | % | | N/A | 30% | 30% | |
| 7 单价 | 元 | | 800 | 800 | 800 | |
| 8 费用 | 元 | | 300,000 | 500,000 | 700,000 | |
| 9 薪资支出 | 元 | | 200,000 | 400,000 | 600,000 | |
| 10 员工人数 | | | 1 | 2 | 3 | |
| 11 平均薪资支出 | 元 | | 200,000 | 200,000 | 200,000 | |
| 12 租金 | 元 | | 100,000 | 100,000 | 100,000 | |
| 13 营业净利 | 元 | | 500,000 | 540,000 | 652,000 | |

*可以清楚看见表格的外框！*

# 4. 改变数字或背景的颜色

## 1 | 改变数字的颜色

　　想让Excel的表格看起来更简单易懂，色彩是非常重要的要素。因为如果只是单纯地罗列出数字，对阅读者来说还是很难理解。利用色彩来强调，才能让人明白哪些是重要的数字。但同时，如果使用太复杂的色彩，又很容易让人看得眼花缭乱。所以重要的是如何在适当的范围内运用色彩，简单而明确地标示出需要强调的重点。以下将介绍三种具体的方法，包括设计数字的颜色、背景的颜色和隐藏框线。

　　一般在Excel表格中使用的数字，可分为三大类型。第一类是直接在单元格里输入（手动输入）的数字，第二类是公式计算出来的数字，第三类是参照其他工作表而来的数字。这三种类型的数字，必须用不同的颜色加以区别，好让任何人看了都能一目了然。

　　在Excel的表格中，有时我们会反复输入不同的数字，以进行各式各样的演算。例如"假如增长率增加10个百分点的话，销货收入会增加多少呢？"或："假如员工人数增加两人的话，营业净利会增加还是减少呢？"这些都可以用Excel来计算。

像这种时候，我们可以自行调整的部分，只有一开始直接输入（手动输入）的数字而已。因此，如何才能简单区别可以更改和不可以更改的数字，便成为一件很重要的事。这就是我们需要用颜色区分数字的原因。因为如此一来，演算时才能够迅速判断哪些数字可以更改（图1-28）。改变文字色彩的方式见图1-29。

但在设定颜色的时候，如果每个人都随心所欲地使用不同的颜色，还是会让其他人看不懂表格的内容，因此对于数字色彩的设定，也必须制定一套原则。本书的原则如图1-27所示。

**图1-27** | **数字的颜色分成三种（很重要！）**

|  | （例） | （数字的颜色） |
|---|---|---|
| ① 手动输入的数字 | = 40<br>= 314.2 + 50 + 3 | 蓝色 |
| ② 计算公式的数字 | = A1 + B3 | 黑色 |
| ③ 参照其他工作表 | = Sheet3!A1 | 绿色 |
| ④ 混合手动输入和计算公式的数字 | = 40 + B3 | ✘ |

不可以这样做！

然而，在各位制作的表格里面，有没有像图1-27的④这种"＝40＋B3"的数学式呢？

在"＝40＋B3"的数学式里，混合了手动输入的数字"40"和单元格参照的"B3"。其中的"40"可以手动更改，但"B3"却不行。像这样把直接输入的数字和计算公式混在一起，不但会让别人不容易理解，也很容易造成误算。若能严格遵守数字的色彩区分原则，表格中就会越来越少出现"＝40＋B3"这种无法用颜色区分的算式，也有助于避免误算。

**专栏　同是投资银行，不同的公司也有不同的格式原则**

数字的颜色（手动输入为蓝、计算公式为黑）已成为投资银行界共通的原则。然而，其他业界似乎有不同的做法，根据我某位在大型会计师事务所任职的友人所述，他们的原则跟投资银行正好相反，也就是手动输入是黑色，计算公式是蓝色。不过只要可以区别手动输入和计算公式的颜色就好，所以我想这个原则也没什么问题。

顺带一提，哈佛商学院传授的数字色彩原则，似乎跟投资银行使用的一模一样（手动输入为蓝、计算公式为黑）。我想这可能是因为传授此原则的培训公司位于美国，而且培训的对象也包括大型投资银行和商学院，所以才会成为共通的原则吧。

不过在背景色的部分，即使同是投资银行界，不同公司之间也有很大的差异。我想这其中主要的理由，大概是各家企业在选择背景色时，都会搭配各自公司的代表色。

## 图1-28 | 用"蓝色"清楚标示出可以更改的数字

**✗ 所有数字的颜色都一样**

| | A B C | D | E | F | G | H | I |
|---|---|---|---|---|---|---|---|
| 1 | | | | | | | |
| 2 | 收益计划 | | | | | | |
| 3 | | | | 第1年 | 第2年 | 第3年 | |
| 4 | 销货收入 | | 元 | 800,000 | 1,040,000 | 1,352,000 | |
| 5 | 销货数量 | | 个 | 1,000 | 1,300 | 1,690 | |
| 6 | 增长率 | | % | N/A | 30% | 30% | |
| 7 | 单价 | | 元 | 800 | 800 | 800 | |
| 8 | 费用 | | 元 | 300,000 | 500,000 | 700,000 | |
| 9 | 薪资支出 | | 元 | 200,000 | 400,000 | 600,000 | |
| 10 | 员工人数 | | 人 | 1 | 2 | 3 | |
| 11 | 平均薪资支出 | | 元 | 200,000 | 200,000 | 200,000 | |
| 12 | 租金 | | 元 | 100,000 | 100,000 | 100,000 | |
| 13 | 营业净利 | | 元 | 500,000 | 540,000 | 652,000 | |

看不出来哪些是可以更改的数字。

**● 手动输入的数字设定为蓝色**

| | A B C | D | E | F | G | H | I |
|---|---|---|---|---|---|---|---|
| 1 | | | | | | | |
| 2 | 收益计划 | | | | | | |
| 3 | | | | 第1年 | 第2年 | 第3年 | |
| 4 | 销货收入 | | 元 | 800,000 | 1,040,000 | 1,352,000 | |
| 5 | 销货数量 | | 个 | 1,000 | 1,300 | 1,690 | |
| 6 | 增长率 | | % | N/A | 30% | 30% | |
| 7 | 单价 | | 元 | 800 | 800 | 800 | |
| 8 | 费用 | | 元 | 300,000 | 500,000 | 700,000 | |
| 9 | 薪资支出 | | 元 | 200,000 | 400,000 | 600,000 | |
| 10 | 员工人数 | | 人 | 1 | 2 | 3 | |
| 11 | 平均薪资支出 | | 元 | 200,000 | 200,000 | 200,000 | |
| 12 | 租金 | | 元 | 100,000 | 100,000 | 100,000 | |
| 13 | 营业净利 | | 元 | 500,000 | 540,000 | 652,000 | |

可以更改的数字　　　不可更改的数字

## 图1-29 改变文字色彩的方式

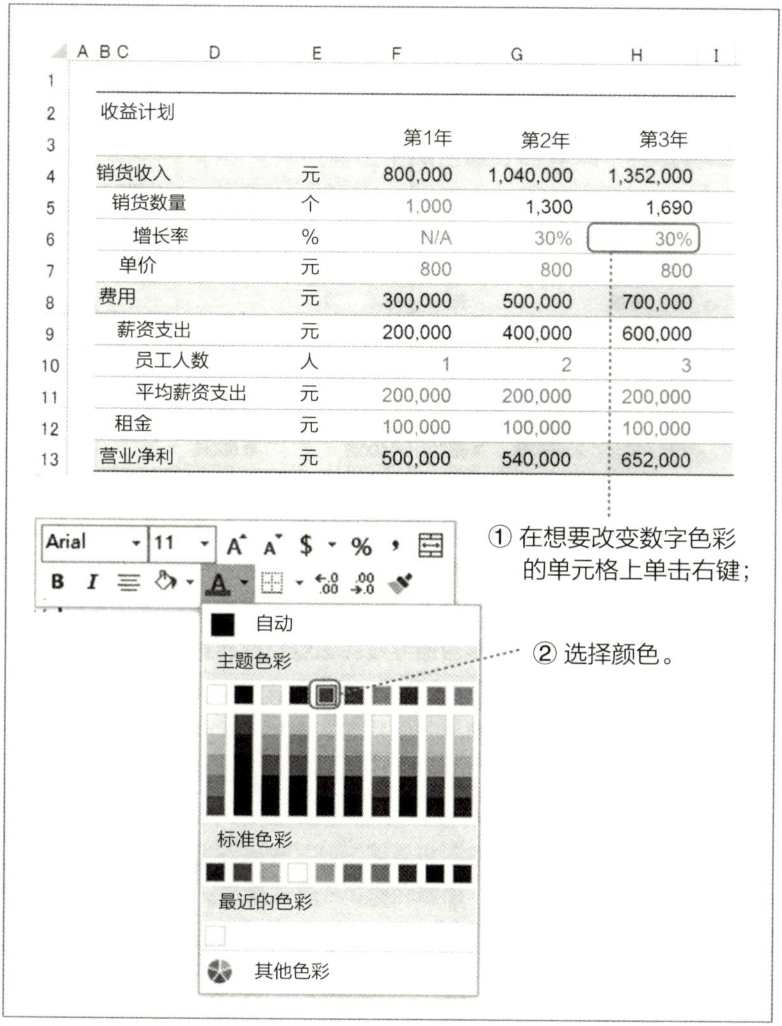

① 在想要改变数字色彩的单元格上单击右键;

② 选择颜色。

## 2 | 改变背景的颜色

一张色彩太过鲜艳的表格或许看起来眼花缭乱，但完全没使用任何色彩的表格也不见得比较好。因为毫无色彩的表格看起来相当呆板。相对地，如果能在重要的部分填上色彩，就很容易凸显该处的重要性。对比效果见图1-30。想让表格看起来更美观，色彩的运用也是很重要的一门功课。

那么，究竟要使用什么颜色比较好呢？其实这个问题并没有一定的答案。在选择色彩的时候，若能配合企业标准色（商标的颜色等）去做，可使数据显得更有整体感。我在投资银行的时候也是，通常都会配合公司的色彩做选择。所以在用色方面，请依据您所属的组织经常使用的颜色来决定。有一点要注意的是，请尽量避免使用太过浓烈的色彩。如果为了凸显单元格而选用浓烈、鲜艳的色彩，反而会使数字看不清楚。数字才是真正的主角，所以选用淡色是基本原则。

顺便提供一些信息以供参考，水蓝色是经常会用到的颜色。此外，在想要强调的项目背景色上，淡粉红色是经常会用到的颜色。

颜色的种类最多设定三种即可。使用太多色彩的话，反而会使表格看起来太过复杂。

## 图1-30 善用背景色凸显重点

**✖ 没有背景色**

| | A B C | D | E | F | G | H | I |
|---|---|---|---|---|---|---|---|
| 1 | | | | | | | |
| 2 | 收益计划 | | | | | | |
| 3 | | | | 第1年 | 第2年 | 第3年 | |
| 4 | 销货收入 | | 元 | 800,000 | 1,040,000 | 1,352,000 | |
| 5 | 销货数量 | | 个 | 1,000 | 1,300 | 1,690 | |
| 6 | 增长率 | | % | N/A | 30% | 30% | |
| 7 | 单价 | | 元 | 800 | 800 | 800 | |
| 8 | 费用 | | 元 | 300,000 | 500,000 | 700,000 | |
| 9 | 薪资支出 | | 元 | 200,000 | 400,000 | 600,000 | |
| 10 | 员工人数 | | 人 | 1 | 2 | 3 | |
| 11 | 平均薪资支出 | | 元 | 200,000 | 200,000 | 200,000 | |
| 12 | 租金 | | 元 | 100,000 | 100,000 | 100,000 | |
| 13 | 营业净利 | | 元 | 500,000 | 540,000 | 652,000 | |

*表格没有重点，很难一目了然！*

**⭕ 有背景色**

| | A B C | D | E | F | G | H | I |
|---|---|---|---|---|---|---|---|
| 1 | | | | | | | |
| 2 | 收益计划 | | | | | | |
| 3 | | | | 第1年 | 第2年 | 第3年 | |
| 4 | 销货收入 | | 元 | 800,000 | 1,040,000 | 1,352,000 | |
| 5 | 销货数量 | | 个 | 1,000 | 1,300 | 1,690 | |
| 6 | 增长率 | | % | N/A | 30% | 30% | |
| 7 | 单价 | | 元 | 800 | 800 | 800 | |
| 8 | 费用 | | 元 | 300,000 | 500,000 | 700,000 | |
| 9 | 薪资支出 | | 元 | 200,000 | 400,000 | 600,000 | |
| 10 | 员工人数 | | 人 | 1 | 2 | 3 | |
| 11 | 平均薪资支出 | | 元 | 200,000 | 200,000 | 200,000 | |
| 12 | 租金 | | 元 | 100,000 | 100,000 | 100,000 | |
| 13 | 营业净利 | | 元 | 500,000 | 540,000 | 652,000 | |

*表格清楚明了，简单易懂！*

**图1-31** | **在单元格内填上背景色**

| | A B C | D | E | F | G | H | I |
|---|---|---|---|---|---|---|---|
| 1 | | | | | | | |
| 2 | 收益计划 | | | | | | |
| 3 | | | | 第1年 | 第2年 | 第3年 | |
| 4 | 销货收入 | 元 | | 800,000 | 1,040,000 | 1,352,000 | |
| 5 | 销货数量 | 个 | | 1,000 | 1,300 | 1,690 | |
| 6 | 增长率 | % | | N/A | 30% | 30% | |
| 7 | 单价 | 元 | | 800 | 800 | 800 | |
| 8 | 费用 | 元 | | 300,000 | 500,000 | 700,000 | |
| 9 | 薪资支出 | 元 | | 200,000 | 400,000 | 600,000 | |
| 10 | 员工人数 | 人 | | 1 | 2 | 3 | |
| 11 | 平均薪资支出 | 元 | | 200,000 | 200,000 | 200,000 | |
| 12 | 租金 | 元 | | 100,000 | 100,000 | 100,000 | |
| 13 | 营业净利 | 元 | | 500,000 | 540,000 | 652,000 | |

① 在想要改变背景色的单元格上单击右键；

② 选择淡色系。

Arial 11 A A $ % ,
B I

主题色彩

标准色彩

最近的色彩

无填满（N）

其他色彩（M）

## 3 | 隐藏网格线

如图1-32所示，另一项影响表格易读性的因素，就是网格线。所谓网格线指的就是单元格周围能让单元格看起来更醒目的灰线。不过没有这些灰线也没关系，而且隐藏网格线反而能让数字更显眼。

要隐藏网格线，有一种很简单的方法，就是把表格的背景色设定为"白色"。

另外还有一种隐藏网格线的方法，就是在Excel的"查看"下，取消网格线的对勾。虽然用这个方法也没问题，但我还是习惯使用"把背景色设定为白色"的方法。理由很简单，因为很好记。与其把每一种新方法都记下来，不如尽量使用同一种功能来得轻松。

**图1-32** 隐藏网格线，让版面变清爽

✖ 有网格线

| | A | B | C | D | E | F | G | H | I |
|---|---|---|---|---|---|---|---|---|---|
| 1 | | | | | | | | | |
| 2 | 收益计划 | | | | | | | | |
| 3 | | | | | | 第1年 | 第2年 | 第3年 | |
| 4 | 销货收入 | | | | 元 | 800,000 | 1,040,000 | 1,352,000 | |
| 5 | | 销货数量 | | | 个 | | 1,300 | 1,690 | |
| 6 | | | 增长率 | | % | N/A | 30% | 30% | |
| 7 | | 单价 | | | 元 | 800 | 800 | 800 | |
| 8 | 费用 | | | | 元 | 300,000 | 500,000 | 700,000 | |
| 9 | | 薪资支出 | | | 元 | 200,000 | 400,000 | 600,000 | |
| 10 | | | 员工人数 | | 人 | 1 | 2 | 3 | |
| 11 | | | 平均薪资支出 | | 元 | 200,000 | 200,000 | 200,000 | |
| 12 | | 租金 | | | 元 | 100,000 | 100,000 | 100,000 | |
| 13 | 营业净利 | | | | 元 | 500,000 | 540,000 | 652,000 | |

*网络线让人分心！*

⭕ 无网格线

| | A | B | C | D | E | F | G | H | |
|---|---|---|---|---|---|---|---|---|---|
| 1 | | | | | | | | | |
| 2 | 收益计划 | | | | | | | | |
| 3 | | | | | | 第1年 | 第2年 | 第3年 | |
| 4 | 销货收入 | | | | 元 | 800,000 | 1,040,000 | 1,352,000 | |
| 5 | | 销货数量 | | | 个 | 1,000 | 1,300 | 1,690 | |
| 6 | | | 增长率 | | % | N/A | 30% | 30% | |
| 7 | | 单价 | | | 元 | 800 | 800 | 800 | |
| 8 | 费用 | | | | 元 | 300,000 | 500,000 | 700,000 | |
| 9 | | 薪资支出 | | | 元 | 200,000 | 400,000 | 600,000 | |
| 10 | | 员工人数 | | | 人 | 1 | 2 | 3 | |
| 11 | | 平均薪资支出 | | | 元 | 200,000 | 200,000 | 200,000 | |
| 12 | | 租金 | | | 元 | 100,000 | 100,000 | 100,000 | |
| 13 | | 营业净利 | | | 元 | 500,000 | 540,000 | 652,000 | |

*版面清爽，看起来比较舒服！*

## 图1-33 | 隐藏网格线的方法

| | | | 第1年 | 第2年 | 第3年 |
|---|---|---|---|---|---|
| 收益计划 | | | | | |
| 销货收入 | 元 | | 800,000 | 1,040,000 | 1,352,000 |
| 销货数量 | 个 | | 1,000 | 1,300 | 1,690 |
| 增长率 | % | | N/A | 30% | 30% |
| 单价 | 元 | | 800 | 800 | 800 |
| 费用 | 元 | | 300,000 | 500,000 | 700,000 |
| 薪资支出 | 元 | | 200,000 | 400,000 | 600,000 |
| 员工人数 | 人 | | 1 | 2 | 3 |
| 平均薪资支出 | 元 | | 200,000 | 200,000 | 200,000 |
| 租金 | 元 | | 100,000 | 100,000 | 100,000 |
| 营业净利 | 元 | | 500,000 | 540,000 | 652,000 |

① 选取整张表格，再单击右键。

② 选择白色。

Arial 11

主题色彩

标准色彩

其他色彩

无填满（N）

其他色彩（M）...

# 5. 其他的格式原则

## 1 | 隐藏栏行

在Excel表格中，有些单元格是自己计算用的，不需要给其他人看，或者其他人看了以后反而会造成混淆。这种时候，就需要把那些栏或行隐藏起来。

想要隐藏部分表格时，使用的是"组成群组"功能。那么什么是组成群组呢？接下来就一步一步为各位说明。

首先，如图1-34所示，如果有想要隐藏的行就先选取行号，接下来点"资料"的功能区，单击"组成群组"。

**图1-34** 想要隐藏行时，可运用"组成群组"功能

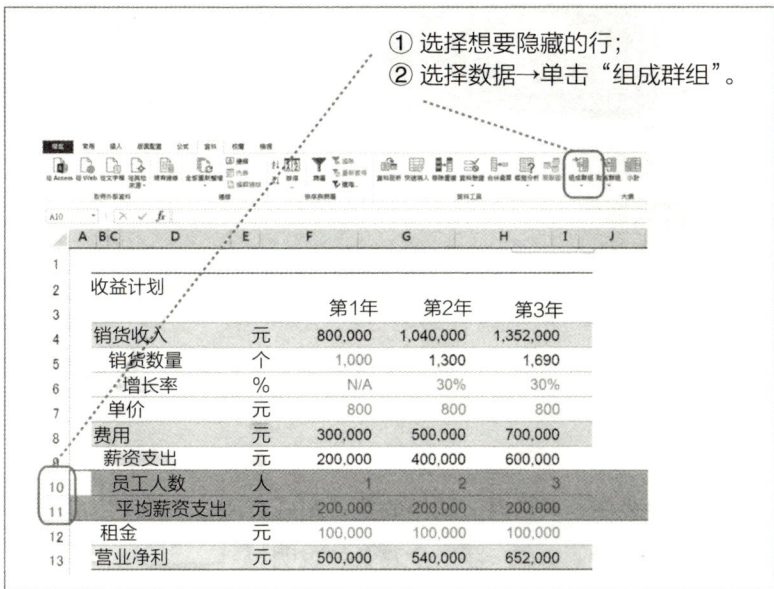

① 选择想要隐藏的行；
② 选择数据→单击"组成群组"。

| | A B C | D | E | F | G | H | I | J |
|---|---|---|---|---|---|---|---|---|
| 1 | | | | | | | | |
| 2 | 收益计划 | | | | | | | |
| 3 | | | | 第1年 | 第2年 | 第3年 | | |
| 4 | 销货收入 | | 元 | 800,000 | 1,040,000 | 1,352,000 | | |
| 5 | 销货数量 | | 个 | 1,000 | 1,300 | 1,690 | | |
| 6 | 增长率 | | % | N/A | 30% | 30% | | |
| 7 | 单价 | | 元 | 800 | 800 | 800 | | |
| 8 | 费用 | | 元 | 300,000 | 500,000 | 700,000 | | |
| 9 | 薪资支出 | | 元 | 200,000 | 400,000 | 600,000 | | |
| 10 | 员工人数 | | 人 | 1 | 2 | 3 | | |
| 11 | 平均薪资支出 | | 元 | 200,000 | 200,000 | 200,000 | | |
| 12 | 租金 | | 元 | 100,000 | 100,000 | 100,000 | | |
| 13 | 营业净利 | | 元 | 500,000 | 540,000 | 652,000 | | |

　　如图1-35所示，组成群组以后，只要单击显示在行旁边的减号，组成群组的部分就会像下表一样收合起来，并显示出加号的按钮。在这张表格中，"员工人数"和"平均薪资支出"被隐藏起来了。如果想要取消隐藏的话，再单击加号的按钮即可。

　　顺带一提，隐藏单元格时，还有一种方法是使用"隐藏"功能，但我个人并不推荐这种方法。因为隐藏功能虽然和"组成群组"功能很像，却没有"加号"和"减号"的按钮。没有这个按钮的话，从表格上就看不出那里有隐藏的单元格，而第一次看到这张表格的人，也不会注意到有单元格被隐藏起来了。这其实会造成不小的压力，因此请务必使用组成群组功能，来代替隐藏功能。

## 图1-35 单击-（减号）即可隐藏

| | A B C | D | E | F | G | H | I |
|---|---|---|---|---|---|---|---|
| 1 | | | | | | | |
| 2 | 收益计划 | | | | | | |
| 3 | | | | 第1年 | 第2年 | 第3年 | |
| 4 | 销货收入 | | 元 | 800,000 | 1,040,000 | 1,352,000 | |
| 5 | 销货数量 | | 个 | 1,000 | 1,300 | 1,690 | |
| 6 | 增长率 | | % | N/A | 30% | 30% | |
| 7 | 单价 | | 元 | 800 | 800 | 800 | |
| 8 | 费用 | | 元 | 300,000 | 500,000 | 700,000 | |
| 9 | 薪资支出 | | 元 | 200,000 | 400,000 | 600,000 | |
| 10 | 员工人数 | | 人 | 1 | 2 | 3 | |
| 11 | 平均薪资支出 | | 元 | 200,000 | 200,000 | 200,000 | |
| 12 | 租金 | | 元 | 100,000 | 100,000 | 100,000 | |
| 13 | 营业净利 | | 元 | 500,000 | 540,000 | 652,000 | |

单击-，
"员工人数"和"平均薪资支出"的行就被隐藏起来了。

| | A B C | D | E | F | G | H | I |
|---|---|---|---|---|---|---|---|
| 1 | | | | | | | |
| 2 | 收益计划 | | | | | | |
| 3 | | | | 第1年 | 第2年 | 第3年 | |
| 4 | 销货收入 | | 元 | 800,000 | 1,040,000 | 1,352,000 | |
| 5 | 销货数量 | | 个 | 1,000 | 1,300 | 1,690 | |
| 6 | 增长率 | | % | N/A | 30% | 30% | |
| 7 | 单价 | | 元 | 800 | 800 | 800 | |
| 8 | 费用 | | 元 | 300,000 | 500,000 | 700,000 | |
| 9 | 薪资支出 | | 元 | 200,000 | 400,000 | 600,000 | |
| 12 | 租金 | | 元 | 100,000 | 100,000 | 100,000 | |
| 13 | 营业净利 | | 元 | 500,000 | 540,000 | 652,000 | |

## 2 │ 不填入数字的单元格用 "N/A" 表示

有些时候，表格当中也会有不需要填入任何资料的单元格。如果一直空在那里不管的话，在制作表格的过程中，很容易分神去思考那些单元格究竟是"之后要计算出数字的单元格"，还是"不需要填入资料的单元格"。

为了消除这种不必要的压力，我会在不需要填入任何资料的单元格中填入"N/A"。"N/A"是"not applicable（不适用）"的缩写，代表此处不需要填入资料。如图1-36的下表所示，因为第一年没有增长率第一年的增长率那一栏就是"N/A"。

> ### 专栏　会用到的缩写还有 "N/M"
>
> 除了N/A，另一种常用到的缩写就是"N/M"。这是"not meaningful（无意义）"的缩写，在此简单为各位说明一下。
>
> 举例而言，假设第1年的销货收入是100万元，第2年是150万元，那么增长率就是50%。可是假如第一年的销货收入是0元的话呢？在这种情况下，我们就无法计算增长率了（因为除数不能为0）。
>
> 此时，增长率的单元格就可以填入N/M。像这种"无法计算""计算结果没有意义"的情况，都可以标记为N/M。这种标记方式，偶尔也会出现在美国上市公司的财务报表里。

## 图1-36 不填入数字的单元格用 "N/A" 表示

**✗ 留着空白**

| | A B C | D | E | F | G | H | I |
|---|---|---|---|---|---|---|---|
| 1 | | | | | | | |
| 2 | 收益计划 | | | | | | |
| 3 | | | | 第1年 | 第2年 | 第3年 | |
| 4 | 销货收入 | | 元 | 800,000 | 1,040,000 | 1,352,000 | |
| 5 | 销货数量 | | 个 | 1,000 | 1,300 | 1,690 | |
| 6 | 增长率 | | % | | 30% | 30% | |
| 7 | 单价 | | 元 | 800 | 800 | 800 | |
| 8 | 费用 | | 元 | 300,000 | 500,000 | 700,000 | |
| 9 | 薪资支出 | | 元 | 200,000 | 400,000 | 600,000 | |
| 10 | 员工人数 | | 人 | 1 | 2 | 3 | |
| 11 | 平均薪资支出 | | 元 | 200,000 | 200,000 | 200,000 | |
| 12 | 租金 | | 元 | 100,000 | 100,000 | 100,000 | |
| 13 | 营业净利 | | 元 | 500,000 | 540,000 | 652,000 | |

*这里要填入数字吗？搞不清楚！*

**○ 用 "N/A" 标记**

| | A B C | D | E | F | G | H | I |
|---|---|---|---|---|---|---|---|
| 1 | | | | | | | |
| 2 | 收益计划 | | | | | | |
| 3 | | | | 第1年 | 第2年 | 第3年 | |
| 4 | 销货收入 | | 元 | 800,000 | 1,040,000 | 1,352,000 | |
| 5 | 销货数量 | | 个 | 1,000 | 1,300 | 1,690 | |
| 6 | 增长率 | | % | N/A | 30% | 30% | |
| 7 | 单价 | | 元 | 800 | 800 | 800 | |
| 8 | 费用 | | 元 | 300,000 | 500,000 | 700,000 | |
| 9 | 薪资支出 | | 元 | 200,000 | 400,000 | 600,000 | |
| 10 | 员工人数 | | 人 | 1 | 2 | 3 | |
| 11 | 平均薪资支出 | | 元 | 200,000 | 200,000 | 200,000 | |
| 12 | 租金 | | 元 | 100,000 | 100,000 | 100,000 | |
| 13 | 营业净利 | | 元 | 500,000 | 540,000 | 652,000 | |

*一看就知道这里不需要填入数字！*

## 3 | 删除没用的工作表

Excel表格必须在工作表中完成，依照正确的格式原则，每一份表格都应该根据表格内容设定名称。如果有空白的工作表，应该及时删除。

若不删除多余的工作表，其他人在看Excel时，说不定会特意点开，看看里面是否有其他数据。这样一来，不但浪费时间，也是造成阅读压力的原因之一。所以请把空白的工作表删除吧。

至于工作表的部分，第二章会有更详细的说明。

### 图1-37 | 设定工作表的原则也很重要

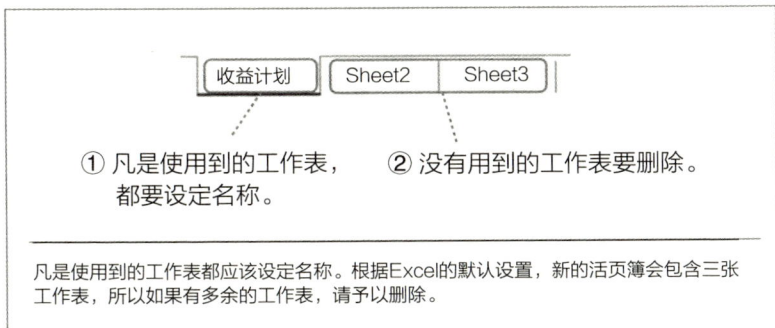

收益计划　　Sheet2　　Sheet3

① 凡是使用到的工作表，都要设定名称。　　② 没有用到的工作表要删除。

凡是使用到的工作表都应该设定名称。根据Excel的默认设置，新的活页簿会包含三张工作表，所以如果有多余的工作表，请予以删除。

## 4 | 统整格式的时机

即使制定了正确的格式原则，还是有可能会在实际操作的时候烦恼到底何时才是统整格式的最佳时机。如果等到资料全部输入完毕以后，再开始统整格式，有时反而会弄乱栏或行，把情况搞得更麻烦。但就算在输入数据前统整表格格式，由于此时表格还空无一物，不知道文字或数字的长度，也无法决定栏宽。我建议的做法是，一边输入数据或进行运算，一边调整格式设定。

为什么不建议使用其他的方法呢？以下就用图表来为各位说明。图1-38是先输入数据再统整格式的例子。如果按照这个方法，首先我们要做的是输入数据或进行运算，不必考虑格式的问题。不过，一张格式未经统整的表格，对制表的人来说其实也很难懂。在这样的状态下输入数据或进行运算，还有可能会弄错输入的位置，所以实在不能算是一个好的方法。

相对于此，图1-39的例子则是每输入一项数据，便进行相关的格式设定。例如，在一开始输入项目名称后，便调整与项目名称有关的格式，也就是行高和栏宽等。接下来，输入数字以后，便替数字加上千分撇和颜色。然后配合数字的位置，将每一栏的项目名称的文字靠右对齐。

像这样，每次输入数据或计算的时候，先设定好相关的格式，就能确保我们在操作时不会因为表格格式的问题，造成输入上的错误。

**图1-38** | **统整格式的错误时机**

✖ 完成全部的计算以后，再统整格式。

| | A B C | D | E | F | G | H |
|---|---|---|---|---|---|---|
| 1 | | | | | | |
| 2 | 收益计划 | | | | | |
| 3 | | | | 第1年 | 第2年 | 第3年 |
| 4 | 销货收入 | | 元 | 800000 | 1040000 | 1352000 |
| 5 | 销货数量 | | 个 | 1000 | 1300 | 1690 |
| 6 | 增长率 | | % | N/A | 0.3 | 0.3 |
| 7 | 单价 | | 元 | 800 | 800 | 800 |
| 8 | 费用 | | 元 | 300000 | 500000 | 700000 |
| 9 | 薪资支出 | | 元 | 200000 | 400000 | 600000 |
| 10 | 员工人数 | | 人 | 1 | 2 | 3 |
| 11 | 平均薪资支出 | | 元 | 200000 | 200000 | 200000 |
| 12 | 租金 | | 元 | 100000 | 100000 | 100000 |
| 13 | 营业净利 | | 元 | 500000 | 540000 | 652000 |

*在未统整格式的状态下进行计算，有可能会在计算的过程中出错！*

⬇

| | A B C | D | E | F | G | H | I |
|---|---|---|---|---|---|---|---|
| 1 | | | | | | | |
| 2 | 收益计划 | | | | | | |
| 3 | | | | 第1年 | 第2年 | 第3年 | |
| 4 | 销货收入 | | 元 | 800,000 | 1,040,000 | 1,352,000 | |
| 5 | 销货数量 | | 个 | 1,000 | 1,300 | 1,690 | |
| 6 | 增长率 | | % | N/A | 30% | 30% | |
| 7 | 单价 | | 元 | 800 | 800 | 800 | |
| 8 | 费用 | | 元 | 300,000 | 500,000 | 700,000 | |
| 9 | 薪资支出 | | 元 | 200,000 | 400,000 | 600,000 | |
| 10 | 员工人数 | | 人 | 1 | 2 | 3 | |
| 11 | 平均薪资支出 | | 元 | 200,000 | 200,000 | 200,000 | |
| 12 | 租金 | | 元 | 100,000 | 100,000 | 100,000 | |
| 13 | 营业净利 | | 元 | 500,000 | 540,000 | 652,000 | |

## 图1-39 统整格式的正确时机

⭕ 一边进行计算，一边统整格式。

| | | | | |
|---|---|---|---|---|
| 收益计划 | | | | |
| 销货收入 | | | | 元 |
| | 销货数量 | | | 个 |
| | | 增长率 | | % |
| | 单价 | | | 元 |
| 费用 | | | | 元 |
| | 薪资支出 | | | 元 |
| | | 员工人数 | | 人 |
| | | 平均薪资支出 | | 元 |
| | 租金 | | | 元 |
| 营业净利 | | | | 元 |

➡

| | | | |
|---|---|---|---|
| 收益计划 | | | |
| 销货收入 | | | 元 |
| 销货数量 | | | 个 |
| 增长率 | | | % |
| 单价 | | | 元 |
| 费用 | | | 元 |
| 薪资支出 | | | 元 |
| 员工人数 | | | 人 |
| 平均薪资支出 | | | 元 |
| 租金 | | | 元 |
| 营业净利 | | | 元 |

① 输入项目名称后，随即设定行高、栏宽。

| | | 第1年 | 第2年 | 第3年 |
|---|---|---|---|---|
| 收益计划 | | | | |
| 销货收入 | 元 | 800000 | 1040000 | 1352000 |
| 销货数量 | 个 | 1000 | 1300 | 1690 |
| 增长率 | % | N/A | 0.3 | 0.3 |
| 单价 | 元 | 800 | 800 | 800 |
| 费用 | 元 | 300000 | 500000 | 700000 |
| 薪资支出 | 元 | 200000 | 400000 | 600000 |
| 员工人数 | 人 | 1 | 2 | 3 |
| 平均薪资支出 | 元 | 200000 | 200000 | 200000 |
| 租金 | 元 | 100000 | 100000 | 100000 |
| 营业净利 | 元 | 500000 | 540000 | 652000 |

② 输入数字后，随即设定数字的颜色。

| | | 第1年 | 第2年 | 第3年 |
|---|---|---|---|---|
| 收益计划 | | | | |
| 销货收入 | 元 | 800,000 | 1,040,000 | 1,352,000 |
| 销货数量 | 个 | | 1,300 | 1,690 |
| 增长率 | % | N/A | 30% | 30% |
| 单价 | 元 | 800 | 800 | 800 |
| 费用 | 元 | 300,000 | 500,000 | 700,000 |
| 薪资支出 | 元 | 200,000 | 400,000 | 600,000 |
| 员工人数 | 人 | 1 | 2 | 3 |
| 平均薪资支出 | 元 | 200,000 | 200,000 | 200,000 |
| 租金 | 元 | 100,000 | 100,000 | 100,000 |
| 营业净利 | 元 | 500,000 | 540,000 | 652,000 |

# 6. 在公司内部贯彻格式原则

到目前为止，我们已经说明了正确格式的标准和设定的方式，但光是制定一套格式原则还不够，如何贯彻格式原则才是最重要的。不过，这也是一道难题。

或许因为工作繁忙的关系，许多商务人士在制作Excel表格时无法完全兼顾到细节的格式设定，或是在碰到想不起格式原则的时候随便应付过去。然而，如果一直对格式采取如此草率的态度，好不容易才制定出来的格式，也会变成一副空壳，落得无人使用的下场。

为了避免这种结果，我强烈建议通过以下三个步骤，让格式原则在公司内部得以贯彻。

①明文规定格式原则。

②团队成员之间互相纠正格式的错误。

③定期检讨原则。

## 图1-40 | 在团队内部贯彻格式原则

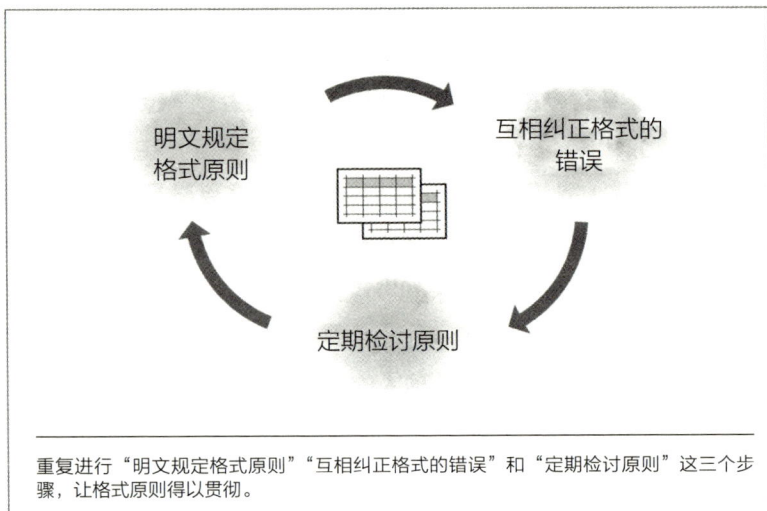

重复进行"明文规定格式原则""互相纠正格式的错误"和"定期检讨原则"这三个步骤，让格式原则得以贯彻。

第一项"明文规定"的意思，就是制作一本详细的原则手册。投资银行一定都有一本这样的原则手册。话虽如此，要从头开始制作自己公司专属的原则手册，是一件相当费功夫的事。因此在最初的阶段，不妨就套用本书所介绍的格式，然后，一定要贯彻这些原则。

最麻烦的问题是，有些人在使用Excel时，会因为"我就是喜欢这样的格式"，而无视团队的规定，任意选用自己偏好的格式。如果容许这种事情发生，团队整体的Excel能力就永远无法提升。所以一定要严格规范，不可以轻易放任例外情况发生。

想要让团队成员严格遵守原则有几个方法，首先是通过公司内部的培训课程，让员工知道有这些规定。尤其是Excel的作业多半交给资历较浅的员工处理，因此不妨多花点时间在新进员工的培训上。附带一提，在外商投资银行，东京分公司的新进员工通常会前往纽约或伦敦，接受三周左右的培训，而其中多数的时间都用来学习如何使用Excel制作财务仿真模型。

另外，活用外部讲师也是一种能够有效贯彻公司内部原则的方法。可能公司内部的文书管理负责人会一再强调："这样的格式比较美观。"或许现场还是会有员工想："每个小细节都要注意格式，真是麻烦！"为了消除这些想法，可由外部专家严厉表明："身在团队当中，如果你的格式做得太难看，那你就是一名失职的团队成员！"这样一来效果反而会更好。

第二项的"团队成员之间互相纠正格式的错误"，指的是公司同人之间互相查看对方制作的表格，如果有格式错误的地方便互相纠正。同样是遵守规则，程度有可能因人而异。有做事兢兢业业的人，就会有没那么关注细节的人。同时，纠正他人的错误也是一件不容易的事。有时候即使发现了错误，也很容易因为"一点格式上的错误就算了吧"的心态，而不加以指正。

不过，要是一直这样放任不管，团队的格式很容易在不知不觉间变得杂乱无章。因此如果想要在团队内贯彻共通的格式原则，一定要养成把自己制作的表格让其他人严格检查的习惯。像这样彼此之间互相检查表格，如果有"这里跟原则不符"的情况出现，请毫不讳言地互相纠正吧。

当我们在检查别人格式错误时，自己也会产生不可以在制作表格时出错的心态。于是对自己也会更加严格，是一种一石二鸟的方法。

顺带一提，在投资银行工作时，我们会很仔细、很严格地查看格式上是否有错。例如在做简报30分钟前被上司发现格式有误，于是赶紧抽换掉错误的页面，类似的情况屡见不鲜。没时间抽换页面的话，就先把纸张打印出来，然后在搭出租车前往客户公司的路上，在车上把握时间更换，这种事情对我来说也是家常便饭了。当时的我曾经怀疑："有必要这么吹毛求疵吗？"然而，一旦开始容许出现细微的格式错误，久而久之就会导致整体的格式都走样了，因此即使是非常细微的错误，也绝对不能容许。

团队全员都要有这样的观念："格式的松懈，就是心态的松懈"，"格式的错误，是团队全体的责任"。

第三项是"定期检讨"，也就是定期确认或修正原则。在互相纠正错误的过程中，一定也会发现一些"那样做会不会更好"的可改善之处。因此要定期安排检讨会议，用来改善原本的原则。

具体的方法是指定一人为制定原则的负责人，这个人除了要制定原则，还要定期进行检讨工作。以大约每六个月一次的频率召集团队成员，并以这段时间内完成的Excel为参考依据，花时间讨论是否要维持原本的原则，或者是否有必要更改原则。众人达成结论后，负责人再依据讨论结果改定原则。能够定期检讨是最理想的，如果希望团队能持续贯彻格式原则，最好有人在团队内负起鞭策的责任。

或许各位会认为贯彻原则是一件很困难的事，但需要努力的时间其实并没有想象中那么漫长，通常只要半年左右就可以从规定变成常识，届时团队全员使用同样的格式，应该也不再是一件折磨人的事。久而久之，当习惯成自然以后，不但能够根据标准格式迅速完成表格，也能正确理解其他人制作的表格。

格式要能发挥成效，不能只用头脑去理解，还要彻底用身体去记忆。当团队开始落实共用的格式原则，务必要鞭策自己达到这样的境界。

**专栏　把Excel表格粘贴在PowerPoint的投影片上**

有的时候我们会把Excel的表格粘贴在PowerPoint的投影片上，以进行简报或当作附件数据。此时，如果单纯把Excel的表格复制后粘贴在投影片上，就会发生以下问题：

## 1. 格式会跑掉

因为被套用上PowerPoint投影片的设计，所以可能导致原本在Excel中指定的字体或色彩跑掉。

## 2. 可在投影片上编辑数字或文字

如果使用单纯的"复制粘贴"功能，当表格被粘贴在投影片上以后，还是可以在PowerPoint中编辑数字或文字。这一点虽然很方便，却有可能造成后续的问题。

举例说明，假设我们在做简报前临时更改了数字，由于时间紧迫，只好直接更改PowerPoint上的数字。当然，因为PowerPoint上记载的数字和Excel的计算结果不同，所以要是做简报几天后，上司或客户问"Excel的表格和投影片的表格数字为什么不一样"，那可就麻烦了。因为我们很有可能早就忘记自己更改了哪些地方，最后搞得大家手忙脚乱。

为了避免发生这样的问题，我们应该用图像的形式，把Excel的表格粘贴在投影片上。如此一来，投影片上只会呈现出Excel计算的表格，在PowerPoint上也不能直接编辑Excel表格，也就不会搞不清楚计算的根据。

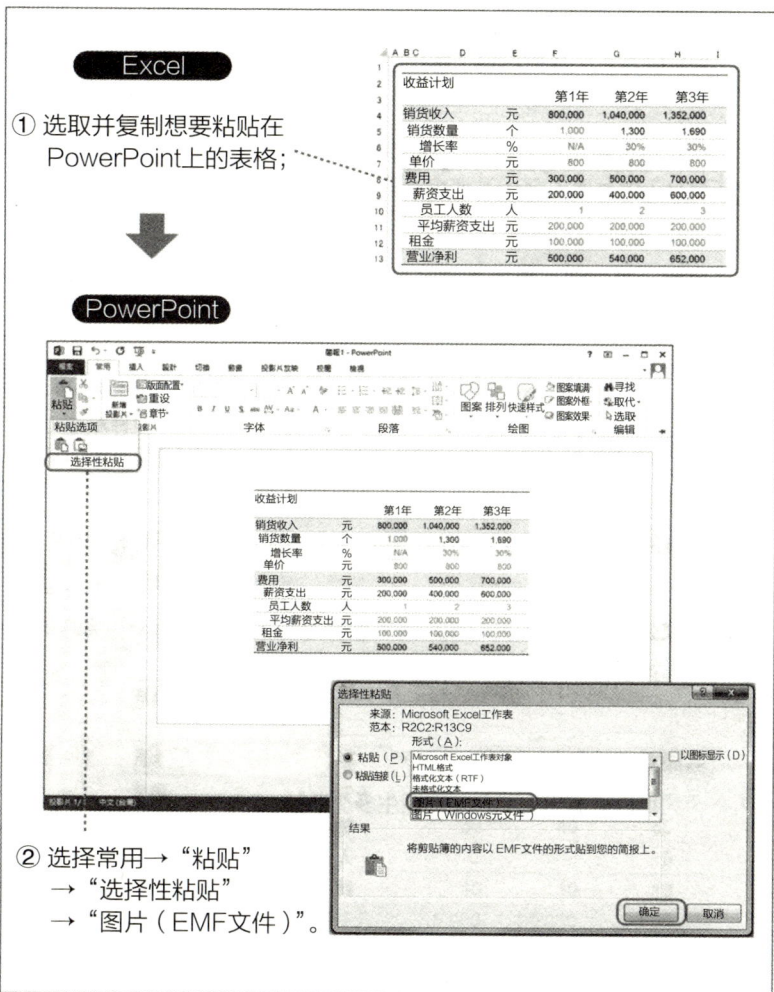

图1-41 把Excel的表格粘贴在PowerPoint上的方法

### 练习题

到目前为止，我们已经了解何谓正确的Excel格式了。

当然，我很希望各位能将现在所使用的Excel表格，修改成更美观的格式，但这也不是马上就能上手的事。

因此，我决定在最后出一道练习题。

就让我们一起来把一张不太好看的Excel表格，修改成更美观的格式吧。

格式内容就如同我在前文说明的一样，各位在阅读的同时，顺便当成一种复习吧。

### 题目

下面的表格，是一家汽车销售厂商在未来三年内的业务人员计划。该厂商对业务人员的销售数量预期是每人每年十辆车，而每辆的销货收入是一百万日元，薪资支出是平均每人五百万日元。假设员工人数在第1年是三人，第2年增加为四人，第3年增加为五人的话，我们就能估算出未来三年能产生多少收益。

## ✖ 修正前

| | A B C | D | E | F | G | H | I |
|---|---|---|---|---|---|---|---|
| 1 | 收益计划 | | | | | | |
| 2 | | | | 第1年 | 第2年 | 第3年 | |
| 3 | 销货收入（千元） | | | 30000 | 40000 | 50000 | |
| 4 | 单价（千元） | | | 1000 | 1000 | 1000 | |
| 5 | 销货数量（台） | | | 30 | 40 | 50 | |
| 6 | 业务人数（人） | | | 3 | 4 | 5 | |
| 7 | 每一名业务的平均销货数量（台） | | | 10 | 10 | 10 | |
| 8 | 薪资支出（千元） | | | 15000 | 20000 | 25000 | |
| 9 | 业务人数（人） | | | 3 | 4 | 5 | |
| 10 | 每一名业务员的平均薪资支出（千元） | | | 5000 | 5000 | 5000 | |
| 11 | 营业净利（千元） | | | 15000 | 20000 | 25000 | |

⬇

## ⭕ 修正后

| | A B C D | E | F | G | H | I | J |
|---|---|---|---|---|---|---|---|
| 1 | | | | | | | |
| 2 | 收益计划 | | | | | | |
| 3 | | | | 第1年 | 第2年 | 第3年 | |
| 4 | 销货收入 | 千元 | | 30,000 | 40,000 | 50,000 | |
| 5 | 单价 | 千元 | | 1,000 | 1,000 | 1,000 | |
| 6 | 销货数量 | 台 | | 30 | 40 | 50 | |
| 7 | 业务人数 | 人 | | 3 | 4 | 5 | |
| 8 | 每一名业务的平均销货数量 | 台 | | 10 | 10 | 10 | |
| 9 | 薪资支出 | 千元 | | 15,000 | 20,000 | 25,000 | |
| 10 | 业务人数 | 人 | | 3 | 4 | 5 | |
| 11 | 每一名业务的平均薪资支出 | 千元 | | 5,000 | 5,000 | 5,000 | |
| 12 | 营业净利 | 千元 | | 15,000 | 20,000 | 25,000 | |

## 练习题·解答

我们先来看一下这张表格：

| A B C | D | E | F | G | H | I |
|---|---|---|---|---|---|---|
| 1 收益计划 | | | | | | |
| 2 | | | 第1年 | 第2年 | 第3年 | |
| 3 销货收入（千元） | | | 30000 | 40000 | 50000 | |
| 4 单价（千元） | | | 1000 | 1000 | 1000 | |
| 5 销货数量（台） | | | 30 | 40 | 50 | |
| 6 业务人数（人） | | | 3 | 4 | 5 | |
| 7 每一名业务的平均销货数量（台） | | | 10 | 10 | 10 | |
| 8 薪资支出（千元） | | | 15000 | 20000 | 25000 | |
| 9 业务人数（人） | | | 3 | 4 | 5 | |
| 10 每一名业务的平均薪资支出（千元） | | | 5000 | 5000 | 5000 | |
| 11 营业净利（千元） | | | 15000 | 20000 | 25000 | |

首先，必须把数字修改得更容易阅读。

（1）把整张表格的行高统一设定为18。

（2）把数字的字体统一设定为Arial。

（3）给数字加上千分撇。

接下来，由于这张表格里面的线条太多了，项目名称也没有整理过，所以下一个步骤就是把这些部分修改得更美观一点。

（4）表格不能从A1单元格开始。

（5）配合项目名称，向右缩排。

（6）框在线下粗、其余细；不使用直线。

| A B C | D | E | F | G | H | I |
|---|---|---|---|---|---|---|
| 1 收益计划 | | | | | | |
| 2 | | | 第1年 | 第2年 | 第3年 | |
| 3 销货收入（千元） | | | 30,000 | 40,000 | 50,000 | |
| 4 单价（千元） | | | 1,000 | 1,000 | 1,000 | |
| 5 销货数量（台） | | | 30 | 40 | 50 | |
| 6 业务人数（人） | | | 3 | 4 | 5 | |
| 7 每一名业务的平均销货数量（台） | | | 10 | 10 | 10 | |
| 8 薪资支出（千元） | | | 15,000 | 20,000 | 25,000 | |
| 9 业务人数（人） | | | 3 | 4 | 5 | |
| 10 每一名业务的平均薪资支出（千元） | | | 5,000 | 5,000 | 5,000 | |
| 11 营业净利（千元） | | | 15,000 | 20,000 | 25,000 | |

| A B C D | E | F | G | H | I | J |
|---|---|---|---|---|---|---|
| 1 | | | | | | |
| 2 收益计划 | | | | | | |
| 3 | | | 第1年 | 第2年 | 第3年 | |
| 4 销货收入（千元） | | | 30,000 | 40,000 | 50,000 | |
| 5 单价（千元） | | | 1,000 | 1,000 | 1,000 | |
| 6 销货数量（台） | | | 30 | 40 | 50 | |
| 7 业务人数（人） | | | 3 | 4 | 5 | |
| 8 每一名业务的平均销货数量（台） | | | 10 | 10 | 10 | |
| 9 薪资支出（千元） | | | 15,000 | 20,000 | 25,000 | |
| 10 业务人数（人） | | | 3 | 4 | 5 | |
| 11 每一名业务的平均薪资支出（千元） | | | 5,000 | 5,000 | 5,000 | |
| 12 营业净利（千元） | | | 15,000 | 20,000 | 25,000 | |

这样看起来清楚多了吧！再来，由于括号中的单位影响阅读，数字的位数也没有对齐，所以针对这些部分进行修正。

（7）把单位统一放在同一栏。

（8）数字靠右对齐。

| A B C D | | E | F | G | H | I | J |
|---|---|---|---|---|---|---|---|
| 收益计划 | | | | | | | |
| | | | | 第1年 | 第2年 | 第3年 | |
| 销货收入 | | | 千元 | 30,000 | 40,000 | 50,000 | |
| 单价 | | | 千元 | 1,000 | 1,000 | 1,000 | |
| 销货数量 | | | 台 | 30 | 40 | 50 | |
| 业务人数 | | | 人 | 3 | 4 | 5 | |
| 每一名业务的平均销货数量 | | | 台 | 10 | 10 | 10 | |
| 薪资支出 | | | 千元 | 15,000 | 20,000 | 25,000 | |
| 业务人数 | | | 人 | 3 | 4 | 5 | |
| 每一名业务的平均薪资支出 | | | 千元 | 5,000 | 5,000 | 5,000 | |
| 营业净利 | | | 千元 | 15,000 | 20,000 | 25,000 | |

| A B C D | | E | F | G | H | I | J |
|---|---|---|---|---|---|---|---|
| 收益计划 | | | | | | | |
| | | | | 第1年 | 第2年 | 第3年 | |
| 销货收入 | | | 千元 | 30,000 | 40,000 | 50,000 | |
| 单价 | | | 千元 | 1,000 | 1,000 | 1,000 | |
| 销货数量 | | | 台 | 30 | 40 | 50 | |
| 业务人数 | | | 人 | 3 | 4 | 5 | |
| 每一名业务的平均销货数量 | | | 台 | 10 | 10 | 10 | |
| 薪资支出 | | | 千元 | 15,000 | 20,000 | 25,000 | |
| 业务人数 | | | 人 | 3 | 4 | 5 | |
| 每一名业务的平均薪资支出 | | | 千元 | 5,000 | 5,000 | 5,000 | |
| 营业净利 | | | 千元 | 15,000 | 20,000 | 25,000 | |

最后，修正数字和单元格的色彩。

（9）手动输入的数字改为蓝色。

（10）欲强调的单元格改为淡蓝色。

这样就大功告成了！到这里就能很明显地看出来，修正格式可以让表格给人多么不同的印象。

专 栏　**吊挂服、长袜、领撑**

我在这一章不断强调要注重Excel的美观性，但投资银行的人注重的"美观性"可不仅限于Excel而已。就拿西装来说好了，我刚进入摩根士丹利的时候，上司曾经对我说："注重你身上穿的西装！"他这话是什么意思呢？

**① 别穿吊挂服**

一开始听到"吊挂服"的时候，我丈二和尚摸不着头脑，一查之下才知道，吊挂服似乎是成衣的意思。

换句话说，所谓的"别穿吊挂服"，就是要我"穿定制西装"的意思。

话虽如此，一穷二白的职场新鲜人，哪儿有什么钱去定制西装呢，所以我回绝了这道命令。

## ② 袜子要穿长筒袜

为什么要穿长筒袜？因为如果穿一般的袜子，在椅子上坐下来的时候裤管就会变短，露出里面的腿毛，上司坚称这在客户面前是一种失礼的行为。原来如此。客户的确有可能觉得很碍眼……所以我就决定穿穿长筒袜看了。

可是长筒袜在夏天真的很热！原本就已经身在必须穿西装打领带的金融业界了，现在竟然还要再加一双长筒袜，真是太辛苦了！结果呢，我最后又回绝了这道命令。

## ③ 领撑

应该有很多人知道领撑是什么吧？就是一种放在衬衫领子内侧的配件。由于衬衫的领子很容易弯曲变形，因此可以把金属或塑料的领撑片塞进领子内侧，让衬衫领子保持挺立。上司指示说："领子挺立了，西装看起来也会更利落！"说得有理，而且价格也没那么贵，所以我就立刻掏钱买了。

不幸的是，最后我还是没有养成使用领撑的习惯。为什么呢？因为投资银行的工作量实在太大了。在没时间运动又喜欢靠食物舒缓压力的情况下，我进入公司没多久就胖了一圈。人一胖，脖子周围就变得紧绷，然后金属制的领撑就会刺到我的脖子或锁骨，很痛。

由于种种原因，关于服装的部分，我一项都没遵从上司的指示。所以说在投资银行，不会使用Excel的人会被解雇，但西装穿不好的人并不会被解雇。

以上，就是有关外商投资银行所注重的"美观性"的故事。

看到领撑，就会回想起投资银行时代的事。

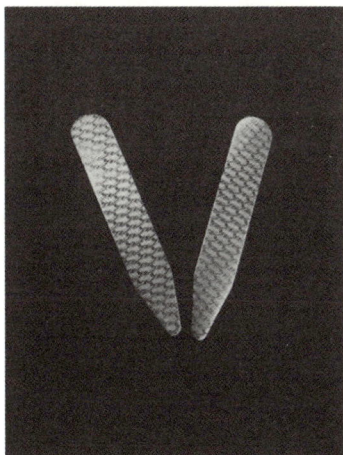

# 第 2 章　正确无误的 Excel

## 让工作彻底零失误

Excel Excel Excel Excel Excel Excel Excel Excel Excel Excel Excel Excel Excel

# 1. 投资银行"绝对"不容许误算

　　在投资银行绝对不容许发生的一件事情，就是误算。举例来说，在提供企业并购咨询服务时，我们会计算并购的金额，若以外商投资银行接下的案子来说，少则上千万，多则数百亿。当然，我们会用Excel进行缜密的计算，但在这个过程中如果出现任何一点小差错，就有可能造成数亿，甚至数十亿的误差。

　　客户希望投资银行提供的是零误差的正确计算。万一真的出现误算的情况，不仅会失去客户的信赖，还有可能会被要求赔偿损失。因此，投资银行为了避免误算，通常会花大量的时间在检查工作上。

　　对于实际在投资银行工作的人来说，计算是一件压力非常大的事情。我们常听到"汗水与泪水的结晶"，但投资银行的计算工作根本就是"冷汗与泪水的结晶"。

虽然事到如今，我已经可以轻松地说出"绝对不能有误算"这种话，但想当年我在投资银行的时候，实在是害怕得不得了，很多时候甚至怕到心想："最好不要让我接触任何计算工作。"有时工作到深夜回家，睡前突然想到："那里是不是算错了？"最后落得整晚无法入睡。

尽管如此，我们还是必须克服这样的压力，完成毫无误差的计算，这也是为什么大家会说投资银行的工作很辛苦。

那么，投资银行为了避免误算，做了哪些努力呢？以下就来介绍几项投资银行的小贴士吧。

# 2. 彻底避免Excel误算的三大法则

要避免Excel误算有三大法则。

法则一，只做简单易懂的计算。也就是要尽量简化计算。因为计算越复杂越容易出错，所以最好简单到任何人都看得懂。

法则二，彻底执行检查工作。不论计算怎么简单，都很难避免人为失误，因此彻底执行检查工作是很重要的。

法则三，彻底执行团队合作。关于这一点，或许各位还没有注意到，但比起个人的工作失误，误算的起因更多是来自团队内的沟通不畅。由于Excel是团队全员共同完成的工作，因此如果不把避免误算的措施提升到团队的层次，就永远也无法排除误算的情况。在团队内严格制定一套避免误算的原则，并让公司内部成员适应这样的文化很重要。

## 图2-1 | 避免Excel误算，彻底落实三大法则

① 只做简单易懂的计算

② 彻底执行检查工作

③ 彻底执行团队合作

## 1 | 算式当中不可以手动输入数字

有关法则一的"只做简单易懂的计算"，这里再稍微深入地了解一下吧。想要尽量简化计算，最重要的是把手动输入的数字和算式明确区分开来。

图2-2是一张预估销售量的表格，每年的销售量都比前一年增加五百个。若说上表和下表哪一张比较清楚，明显是下表比较清楚，对吧？

虽然上表也看得出来销售量在逐年增长，但完全看不出计算的依据从何而来。有可能是用每年增加五百个来计算的，也有可能是用50%的增长率来计算的。如此难以理解的原因，正是算式中包含了手动输入的数字。

## 图2-2 | 计算式当中不可以有"手动输入的数字"

✖ 计算式中有手动输入的数字

| | A B C | D | E | F | G | H | I |
|---|---|---|---|---|---|---|---|
| 1 | | | | | | | |
| 2 | 预估销售量 | | | | | | |
| 3 | | | | 第1年 | 第2年 | 第3年 | |
| 4 | 销售量 | | 个 | 1,000 | 1,500 | 2,000 | |

| | A B C | D | E | F | G | H | I |
|---|---|---|---|---|---|---|---|
| 1 | | | | | | | |
| 2 | 预估销售量 | | | | | | |
| 3 | | | | 第1年 | 第2年 | 第3年 | |
| 4 | 销售量 | | 个 | 1,000 | =F4+500 | 2,000 | |

*看不懂! 500是什么?*

⭕ 计算式和手动输入的数字分开

| | A B C | D | E | F | G | H | I |
|---|---|---|---|---|---|---|---|
| 1 | | | | | | | |
| 2 | 预估销售量 | | | | | | |
| 3 | | | | 第1年 | 第2年 | 第3年 | |
| 4 | 销售量 | | 个 | 1,000 | 1,500 | 2,000 | |
| 5 | 本年度增加量 | | 个 | | 500 | 500 | |

| | A B C | D | E | F | G | H | I |
|---|---|---|---|---|---|---|---|
| 1 | | | | | | | |
| 2 | 预估销售量 | | | | | | |
| 3 | | | | 第1年 | 第2年 | 第3年 | |
| 4 | 销售量 | | 个 | 1,000 | =F4+G5 | 2,000 | |
| 5 | 本年度增加量 | | 个 | | 500 | 500 | |

*可以很清楚看出计算的依据!*

相对于此，下表把销售量和本年度增加量明确区分开来，所以可以很清楚地知道，两项相加即可得到第2年的销售量。

另外，把算式和手动输入的数字分开，也比较容易进行模拟工作。如果像下表这样把算式和手动输入的数字分开，之后只要更改本年度增加量，便可模拟销售量。然而，上表却必须更改算式中的数字才行。

再者，把算式和手动输入的数字分开，也比较容易发现输入错误的数字。举例来说，表格中第3年那一栏的本年度增加量是"500"，假设不小心输入成"600"好了，在这个情况下，下表也比上表更容易发现错误。如果是上表的话，只要没有显示出算式，就不会注意到增加量的数字有误。

我在第一章建议把手动输入的数字设定为"蓝色"，把算式设定为"黑色"，其实就是为了避免发生像上表那样的情况。如果我们脑海中一直记得"手动输入为蓝""算式为黑"，那么当手动输入的数字和算式混在一起的时候，自然就会发现："啊，这样不行！"

为了培养"手动输入的数字和算式分开"的意识，也请养成区分文字色彩的习惯吧。

## 2 | 避免使用太长的算式

何谓太长的算式？就是在一个单元格内，一口气完成复杂的计算。通常头脑越好的人越容易这么做，但这也有可能成为失误的原因。比方说，像图2-3的单元格"G13"的算式即为一例。

**图2-3 | 不可以使用太长的算式**

| | | 第1年 | 第2年 | 第3年 |
|---|---|---|---|---|
| 收益计划 | | | | |
| 销货收入 | 元 | 800,000 | 1,040,000 | 1,352,000 |
| 销货数量 | 个 | 1,000 | 1,300 | 1,690 |
| 增长率 | % | N/A | 30% | 30% |
| 单价 | 元 | 800 | 800 | 800 |
| 费用 | 元 | 300,000 | 500,000 | 700,000 |
| 薪资支出 | 元 | 200,000 | 400,000 | 600,000 |
| 员工人数 | 人 | 1 | 2 | 3 |
| 平均薪资支出 | 元 | 200,000 | 200,000 | 200,000 |
| 租金 | 元 | 100,000 | 100,000 | 100,000 |
| 营业净利 | 元 | 500,000 | =G5*G7-(G9+G12) | |

*计算太长，难以理解！*

在"G13"单元格中，为了算出营业净利，设定了"销货数量×单价-（薪资支出＋租金）"这种太过复杂的算式。

如果使用这么长的算式，第一眼看到的人完全无法理解这在算什么，想要检查也很不容易。制作Excel最重要的一点，就是要让任何人都看得懂，所以只要其中有任何一道太长的算式，都算是失败的Excel。基本上，计算的每个步骤都要很清楚，总之越简单越好。图中"G13"的算式，除了制表者本人以外，没有人看得懂。这种独善其身的计算可是大忌。

算式越简单越好，就是"这个单元格加这个单元格，等于这个单元格"，或"这个单元格乘以这个单元格，等于这个单元格"，像这样一步一步仔细计算，才是简单易懂的计算。

**专栏　这个Excel太恐怖了，我不敢碰!**

在投资银行有一句常说的话："这个Excel太恐怖了，我不敢碰!"比方说，当我用Excel完成计算，交给上司或同事看的时候，要是计算太过复杂或太难理解的话，上司或同事就无法修正Excel。因为一旦更改算式，就有可能牵动整张表格，导致误算。在这种时候，他们就会说："这个Excel太恐怖了，我不敢碰，你能不能把它改得更清楚、更简单一点?"

这是"只做简单易懂的计算"这种观念根深蒂固的投资银行特有的说法。

## 3 | 制作出工作表的架构图

在举办企业训练活动的过程中，我发现经常有人因为无法掌握工作表的架构，而难以全盘理解Excel的内容。当制表者未依照逻辑顺序排列工作表时，就有可能发生这种事情。

　　一个Excel文件里面可能有多张工作表。我们通常都会看工作表的索引标签，来了解哪张工作表在计算什么，或工作表与工作表之间有什么关联。因此，当工作表索引标签的排列顺序杂乱无章时，就会变得非常难以理解各张工作表究竟在做些什么。

　　为了避免这样的情况发生，最好在Excel最前面的工作表中制作一张架构图，明确标示出这份文件里有哪些工作表，哪张工作表又是哪张工作表的计算依据。图2-4的架构图即为一例。

## 图2-4　绘制简单易懂的工作表架构图

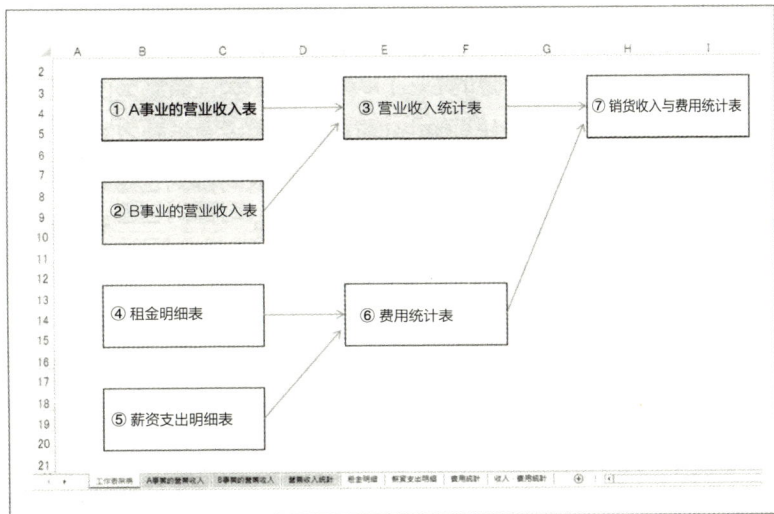

工作表的数量很少的时候，即使不制作架构图，或许还是看得懂的，但当工作表的数量多到一定程度时，架构图就显得不可或缺了。有了工作表的架构图，即使是第一次看到文件的人，也能迅速理解那个Excel的计算程序。

此外，一旦养成制作架构图的习惯，当我们展开Excel的作业时，就会在每次制作新的工作表前，思考工作表的用途："这张工作表要做什么呢？"如此一来，也就不会浪费太多时间在制作多余的工作表上。

那么，关于工作表的架构，应该注意些什么呢？这也有三大法则。
1. 工作表"由左向右"计算。
2. 工作表用颜色分类。
3. 不可以隐藏工作表。

## 4 | 工作表"由左向右"计算

首先，要随时提醒自己注意工作表的排列顺序。思考排列顺序时，最重要的是要配合计算的程序。因为计算的方向是由左向右，所以工作表的排列也应该由左向右。基本上都应该从左侧的工作表向右侧的工作表进行，如此一来，也比较容易记住工作表的每一个程序。

有不少人认为，把计算的汇总表放在最左边，当成第一张工作表，比放在最右边来得好。确实，如果放在最左边的话，一打开Excel就可以看见汇总表了。不过，我不建议这样做。因为这样一来，计算的方向就颠倒过来了。明明计算是由左向右，最后的汇总却跑到最左边来了，这样的排列不符合计算的程序，很容易让人感到混乱。

理解Excel的计算程序是一件相当费神的事，通常只能依靠工作表索引标签的顺序去理解。正因为如此，我们才要让工作表的顺序配合计算方向，制作出一张能让阅读者快速理解的Excel。

## 5 | 把工作表标上颜色

在工作表的架构图中，把工作表分类并标上不同的颜色，这样一来，每张工作表属于什么类型就能一目了然了。比方说，与营业收入有关的工作表，包括A事业的营业收入表、B事业的营业收入表和营业收入统计表，将这三张表标上同样的颜色。这样一来，就能清楚地知道这三张工作表都属于营业收入了。

除此之外，还要把架构图中的颜色设定成和各工作表索引标签一样的颜色，见图2-5。换句话说，如果在架构图中把营业收入相关的工作表设定为水蓝色的话，那些工作表的索引标签就应该同样设定为水蓝色。如此一来，就能很快地找到对应的工作表。

此时，也会有一些无法分类的工作表，这些工作表不必设定颜色也没关系。

## 图2-5 设定工作表索引标签色彩的方法

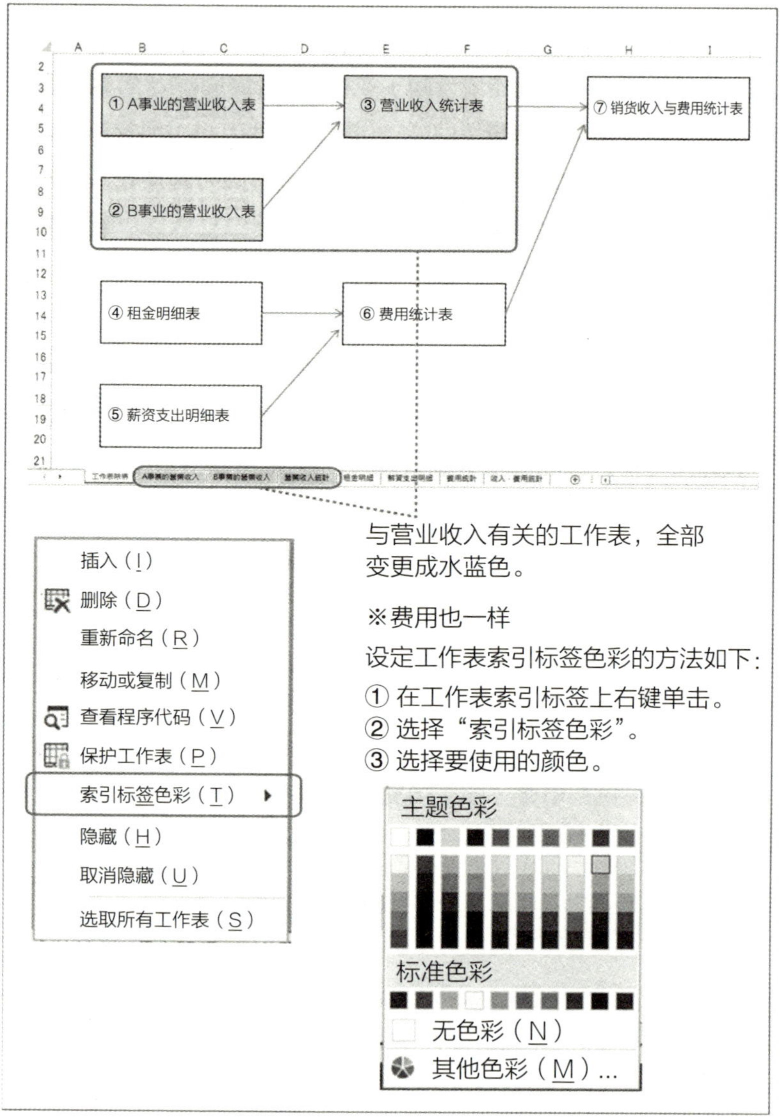
A B C D E F G H I
① A事业的营业收入表
③ 营业收入统计表
⑦ 销货收入与费用统计表
② B事业的营业收入表
④ 租金明细表
⑥ 费用统计表
⑤ 薪资支出明细表
与营业收入有关的工作表，全部变更成水蓝色。
※费用也一样
设定工作表索引标签色彩的方法如下：
① 在工作表索引标签上右键单击。
② 选择“索引标签色彩”。
③ 选择要使用的颜色。
插入（I）
删除（D）
重新命名（R）
移动或复制（M）
查看程序代码（V）
保护工作表（P）
索引标签色彩（T）
隐藏（H）
取消隐藏（U）
选取所有工作表（S）
主题色彩
标准色彩
无色彩（N）
其他色彩（M）...

## 6 | 不可以隐藏工作表

用不到的工作表可以直接删除，不过，有时也会碰到一些暂时用不到，但之后可能会有用，所以不想删除的工作表。碰到这种情况，不少人会选择隐藏未使用的工作表，但是，请改掉这个习惯。

正如前一节所述，理解Excel的计算程序，最主要的依据就是索引标签的顺序。若将未使用的工作表隐藏起来，浏览文件的人并不会注意到还有其他工作表。这有可能给后续工作造成很大的麻烦。比如说，在没注意到有隐藏工作表的情况下，把Excel的文件寄给客户，结果在隐藏的工作表上，竟然有不能给客户看到的信息……有可能会发生这样的事。

那么，暂时用不到的工作表究竟该如何处理呢？如图2-6所示，此时应该把工作表移到最右边，并且把索引标签改成比较不显眼的灰色。架构图上同样设定为灰色，并统一置于最右侧。

此外，把工作表隐藏起来，以制表者的心理来说，可能会觉得："隐藏起来别人就看不到，所以大概计算一下就好。"有不少人会因为这样的心态而松懈，当然也就容易发生误算的情况。因此，不隐藏工作表，完整保留计算过程，才是比较好的做法。

| 图2-6 | **暂时用不到的工作表设定为灰色**

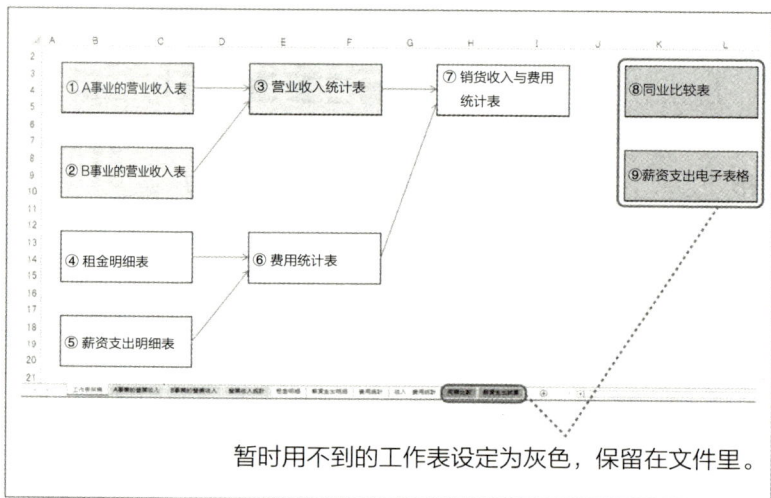

暂时用不到的工作表设定为灰色，保留在文件里。

## 7 | 工作表的数量越少越好

如前所述，理解工作表之间的关联是一件相当费时的事，在这样的压力之下，自然很容易造成误算。换句话说，工作表越多，越容易造成混淆，风险当然也就越大，所以工作表应尽可能精简。

举例而言，假设A事业有营业收入、费用和营业净利，B事业也有营业收入、费用和营业净利，此时，工作表的数量最多可达到六张。在此先不考虑计算量，六张工作表数量上似乎就太多了一些。可以的话，应该尽量汇总成"A事业"和"B事业"两张工作表，在各自的工作表中计算营业收入、费用和营业净利。

汇总工作表还有一个好处，就是可以减少工作表之间互相参照的情况。工作表越分散，工作表之间互相参照的情况就越多，检查起来也就越麻烦。从这一点来看，工作表应该也是越少越好。

## 8 明确标记出数字的出处

各位在用Excel做计算的时候，应该会从各种不同的地方引用数字，例如公司内部的数据或企业的财报数据，甚至也会引用网络上的数字。

在引用数字的时候，希望各位一定要养成习惯，明确标记数字的来源，也就是尽可能详细地列出数字的出处，以免日后检查时，因为不知道数字的出处而无法进行确认。如果无法确定数字是否正确的话，Excel数据的可靠性也会受到质疑，所以请务必清楚标记出数字的出处。

标记出处的位置，如图2-7所示，在项目名称右侧设一栏"出处"，并记录在此栏内。如果是从网站上引用的话，为了避免网址太长，可以如图中标记"网站（1）"那样，利用上标功能，然后在表格下方列出网址。

## 图2-7　将文字设定为上标的方法

尽量具体记载数字的出处

| | | 出处 | | | | 第1年 | 第2年 | 第3年 |
|---|---|---|---|---|---|---|---|---|
| 收益计划 | | | | | | | | |
| 销货收入 | | 财报P23 | | 元 | 800,000 | 1,040,000 | 1,352,000 |
| 销货数量 | | | | 个 | 1,000 | 1,300 | 1,690 |
| 增长率 | | | | % | N/A | 30% | 30% |
| 单价 | | 网站(1) | | 元 | 800 | 800 | 800 |
| 费用 | | | | 元 | 300,000 | 500,000 | 700,000 |
| 薪资支出 | | | | 元 | 200,000 | 400,000 | 600,000 |
| 员工人数 | | | | 人 | 1 | 2 | 3 |
| 平均薪资支出 | | | | 元 | 200,000 | 200,000 | 200,000 |
| 租金 | | | | 元 | 100,000 | 100,000 | 100,000 |
| 营业净利 | | | | 元 | 500,000 | 540,000 | 652,000 |

注:
(1) http://www.excel.xxxxxxxxxx

出处太长的时候，利用附注的方式记载在表格下方

设定上标的方法:
① 输入"网站（1）"。
② 选择（1），按右键。
③ 选择单元格格式。
④ 选择上标，再按确定。

我刚进摩根士丹利时，上司经常对我耳提面命："数字的来源一定要清清楚楚地写在Excel或PowerPoint上。"这是为什么呢？因为如果不知道数字是从哪儿来的，就没有人能够确认数字的正确性，这就等于是一个黑盒子。

误算不是什么好事，如果清楚地列出数字的出处，还可以在出现误算时加以确认和修正。如果连数字的出处都不知道，那究竟是数字本身有误，还是计算过程出了差错，也都不得而知了。因此，数字的出处一定要清楚标明才行。

此外，这位上司也经常跟我说："评价越优秀的人，附注写得越多。"观察周围的人，似乎确实是这样。工作谨慎的人，无论再忙都会仔细标示附注；工作马虎的人，计算也马虎，当然也不写附注。

该标示附注的时候，如果一直拖拖拉拉，想着等一下再写的话，最后通常会搞不清楚数字的出处，到头来还要再查一遍，反而更浪费时间。所以，养成每次输入数字都标记出处的习惯，工作效率自然也会提升。

# 3. 检查工作非常重要

接下来，就介绍检查方法吧。无论多么小心，计算都有可能会出错。错误是不可能完全避免的。但我们可以在这样的前提之下，学习一些有效的检查方式。

检查Excel计算有三个重点。

第一个重点是每计算一次就要检查一次。如果心态上一直拖延，觉得"做完一个段落再一起检查就好了"，最后通常会不了了之，而且也搞不清楚前一次检查到哪里了，所以请养成每计算一次就检查一次的习惯。

第二个重点是所有的单元格都要检查。因为在Excel的表格中，所有的数字都有关联，其中只要有任何一个地方出错，就会影响到最后的结果。如果因为太过轻视，认为"只要检查一半就差不多了吧"，结果没检查到的地方却有错误的话，就会导致误算。所以请一定要把所有的单元格都检查到。Excel的工作就是必须要这么仔细才行。

最后一个重点是花在检查上的时间。如果彻底遵守前面提到的两个重点，花在检查上的时间就会跟计算的时间相差无几。各位在操作Excel的时候，如果觉得"计算的检查工作怎么这么快就完成了？"，这代表检查得还不够彻底，必须特别注意。"计算的时间"＝"检查计算的时间"，这一点请千万牢记在心里。

接下来，就让我们来了解一下计算的检查方法吧。

## 1 | F2键

检查数字的方法之一，就是按"F2"键。我想这个方法应该也有不少人知道，先点选有算式的单元格，再单击"F2"键，就可以知道计算的内容。若是手动输入的单元格，则不会显示算式，所以可以借此确认是否为手动输入。

图2-8是在"G4"的单元格单击"F2"键以后出现的页面。这样一按就可以看出，G4的数字是由G5×G7所得的结果。如此一来便能很清楚地知道，这道算式参照的是哪些单元格，对于算式的检查工作来说非常方便。

## 图2-8 | 用"F2"键检查算式

单击F2就会显示算式

| | A B C | D | E | F | G | H | I |
|---|---|---|---|---|---|---|---|
| 1 | | | | | | | |
| 2 | 收益计划 | | | | | | |
| 3 | | | | 第1年 | 第2年 | 第3年 | |
| 4 | 销货收入 | | 元 | 800,000 | =G5*G7 | 1,352,000 | |
| 5 | 销货数量 | | 个 | 1,000 | 1,300 | 1,690 | |
| 6 | 增长率 | | % | N/A | 30% | 30% | |
| 7 | 单价 | | 元 | 800 | 800 | 800 | |
| 8 | 费用 | | 元 | 300,000 | 500,000 | 700,000 | |
| 9 | 薪资支出 | | 元 | 200,000 | 400,000 | 600,000 | |
| 10 | 员工人数 | | 人 | 1 | 2 | 3 | |
| 11 | 平均薪资支出 | | 元 | 200,000 | 200,000 | 200,000 | |
| 12 | 租金 | | 元 | 100,000 | 100,000 | 100,000 | |
| 13 | 营业净利 | | 元 | 500,000 | 540,000 | 652,000 | |

　　顺带一提，投资银行因为一年到头都在使用Excel，所以按"F2"的次数也特别多。如果一天需要按"F2"上百次，难免会有几次不小心压到隔壁的"F1"。按到"F1"的时候，页面会跳出图2-9中的说明窗格。如果动不动就跳出这个页面，一来会让人觉得很烦，二来每次都要关闭窗口也很麻烦。

　　因此，很多投资银行的菜鸟会做一件事，就是把"F1"键从键盘上拔下来，这样一来就算按偏了，也不会动不动就

跳出说明窗格。如果觉得一直按到"F1"键跳出说明窗格很碍事的话，不妨试一试这个方法吧。

**图2-9** **不小心按到F1就会出现这个页面**

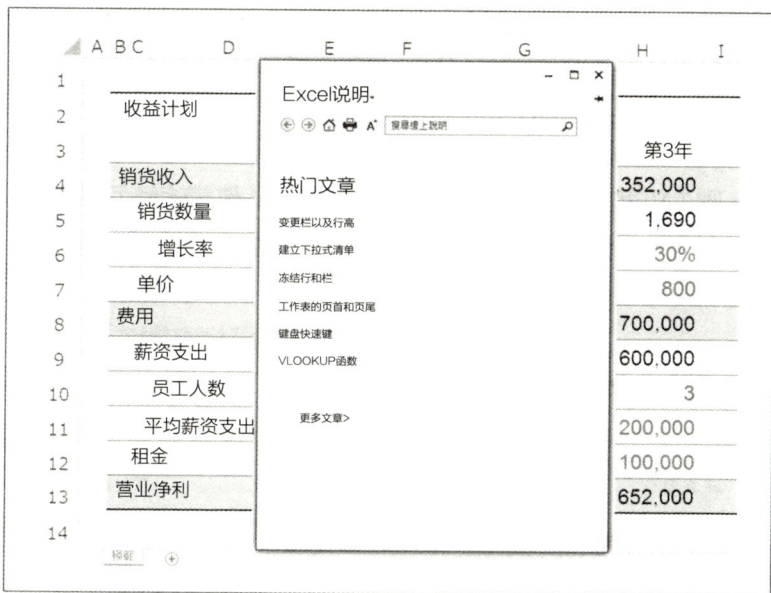

## 2 | 追踪功能

在检查计算的时候，比起单击"F2"我更常使用另一个功能，那就是"追踪"功能。接下来，就用图表来说明何谓追踪功能。

追踪可分为追踪前导参照和追踪从属参照两种。追踪前导参照是用箭头标示出某单元格的计算中参照了哪些单元格。比方说，当我们想知道图2-10中，第2年销货收入的计算（单元格"G4"）使用的是哪些单元格的数字时，参照的功能就能派上用场了。以这个例子来说，使用到的单元格就是销货数量"G5"和单价"G7"。

这个功能最方便的地方是，可以同时显示多个算式的前导参照。例如图2-10就同时显示了第一年的销货收入（单元格"F4"）、第2年的销货收入（单元格"G4"）和第3年的销货收入（单元格"H4"）这三个算式的前导参照。

## 图2-10 | 追踪功能

| | A B C | D | E | F | G | H | I |
|---|---|---|---|---|---|---|---|
| 1 | | | | | | | |
| 2 | 收益计划 | | | | | | |
| 3 | | | | 第1年 | 第2年 | 第3年 | |
| 4 | 销货收入 | | 元 | 800,000 | 1,040,000 | 1,352,000 | |
| 5 | 销货数量 | | 个 | 1,000 | 1,300 | 1,690 | |
| 6 | 增长率 | | % | N/A | 30% | 30% | |
| 7 | 单价 | | 元 | 800 | 800 | 800 | |
| 8 | 费用 | | 元 | 300,000 | 500,000 | 700,000 | |
| 9 | 薪资支出 | | 元 | 200,000 | 400,000 | 600,000 | |
| 10 | 员工人数 | | 人 | 1 | 2 | 3 | |
| 11 | 平均薪资支出 | | 元 | 200,000 | 200,000 | 200,000 | |
| 12 | 租金 | | 元 | 100,000 | 100,000 | 100,000 | |
| 13 | 营业净利 | | 元 | 500,000 | 540,000 | 652,000 | |

如图所示，当我们把这些计算公式相同的算式，用追踪前导参照的功能放在一起比较时，很容易就能找出产生误算的部分。例如在图2-11中，只要和第1年及第2年的费用前导参照互相比较，就可以看出第3年的费用（单元格"H8"）计算中遗漏了"租金"这个项目。

**图2-11　追踪功能非常方便的理由**

| | | 第1年 | 第2年 | 第3年 |
|---|---|---|---|---|
| 收益计划 | | | | |
| 销货收入 | 元 | 800,000 | 1,040,000 | 1,352,000 |
| 销货数量 | 个 | 1,000 | 1,300 | 1,690 |
| 增长率 | % | N/A | 30% | 30% |
| 单价 | 元 | 800 | 800 | 800 |
| 费用 | 元 | 300,000 | 500,000 | 800,000 |
| 薪资支出 | 元 | 200,000 | 400,000 | 600,000 |
| 员工人数 | 人 | 1 | 2 | 3 |
| 平均薪资支出 | 元 | 200,000 | 200,000 | 200,000 |
| 租金 | 元 | 100,000 | 100,000 | 100,000 |
| 营业净利 | 元 | 500,000 | 540,000 | 552,000 |

利用追踪功能，比较之下，很容易就能发现错误！

关于追踪的操作步骤，请参考图2-13和图2-14。

我经常有机会浏览其他人的Excel，大家都习惯使用"F2"键检查算式，所以算式本身通常没什么大问题。比起这个部分，参照的单元格反而更容易出错。因为用"复制粘贴"这个功能时，参照来源可能一不小心就跑掉了。一般在操作上很容易犯这种错误，所以务必格外当心。

由于单击"F2"键只能显示单一算式的内容，无法横向比较，因此即使参照来源跑掉了也不太容易发现。不过，如果在计算公式相同的算式旁标上追踪箭头，比较之下很容易就能发现错误的地方。这是追踪功能的一大优点，既能一目了然又方便操作。

另外，追踪功能也能帮助我们检查从属参照的单元格，这也是单击"F2"键没有的功能之一。

图2-12是一张用"单价×销货数量"计算销货收入的表格。当我们想确认"B4"的单价数字是否被包含在销货收入的算式中时，只要点选"B4"的单元格，再标上从属参照的追踪箭头即可。如此一来，我们就可以看出"B4"的数字被包含在每一道销货收入的算式中。

像这样标示追踪箭头，即可利用图像来检查算式，非常简单易懂。追踪是检查计算时频繁使用到的功能，因此也请牢记此功能的快捷键吧。把快捷键牢记起来，就可以省略掉按鼠标标示追踪箭头等一连串麻烦的程序了。

## 图2-12 使用追踪功能，计算过程一目了然

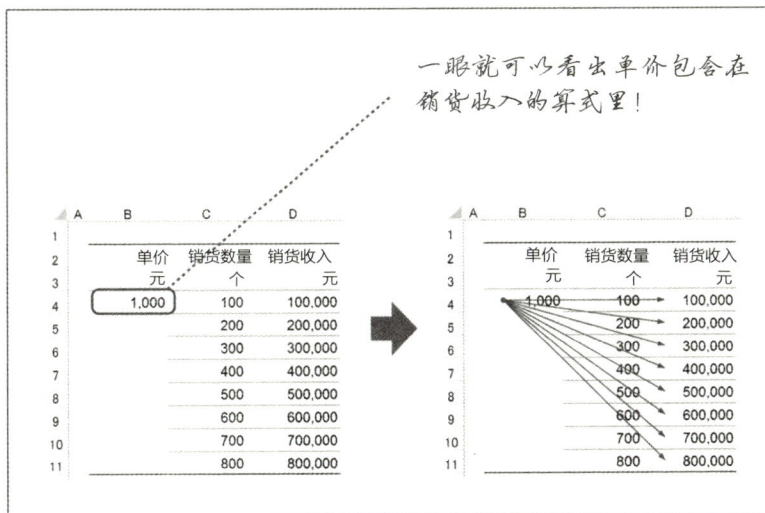

一眼就可以看出单价包含在销货收入的算式里！

---

### 专栏 只要会使用追踪功能，就能独当一面

虽然很少有人知道这个追踪功能，但这真的是一个很重要的功能。在投资银行，刚入职的新进员工会在员工训练时学习追踪的功能。顺带一提，在严格的员工训练过程中，我发现有人趁着休息时间用追踪箭头作画取乐。这是很不容易的技术，各位不妨也试试看。

| 图2-13 | 追踪前导参照的方法 |
|---|---|

① 点选想要追踪的单元格。
② 单击"公式"→选择"追踪引用单元格"。
③ 点选其他单元格，重复相同步骤，即可同
时显示多组引用单元格。

## 图2-14 追踪从属参照的方法

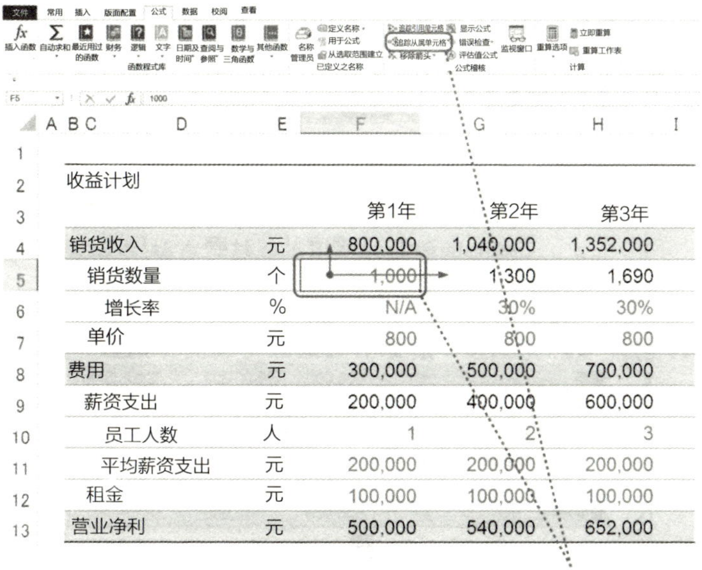

① 点选要追踪的单元格（1,000）。
② 单击"公式"→选择"追踪从属单元格"。

## 图2-15 移除追踪箭头的方法

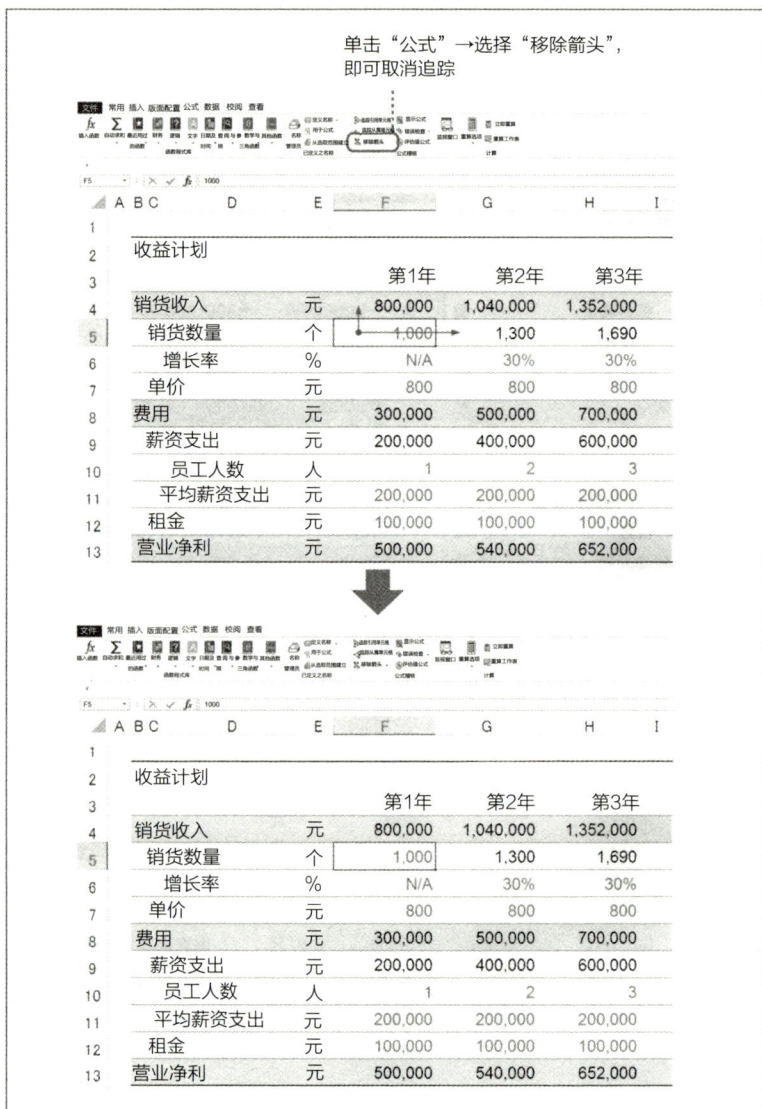

单击"公式"→选择"移除箭头"，
即可取消追踪

顺带一提，我在Excel讲座的第一堂课，虽然会以格式和计算检查工作为重点，但我一定会在一开始就强调："不必硬背快捷键。"理由是与其一个劲地死背快捷键，拼命加快计算速度，我宁可大家更重视基本的格式或计算的检查工作。因为就算计算速度再快，最后完成的Excel如果太难看或错误百出，也没有任何意义。

不过，追踪的快捷键是我在介绍时，唯一会强调"请务必牢记"的快捷键，因为它就是在计算检查时不可或缺的重要功能。

那么，追踪的快捷键是什么呢？追踪前导参照是"Alt""M""P"，追踪从属参照是"Alt""M""D"。移除箭头是"Alt""M""A""A"。

**图2-16** | **追踪功能相当方便，请务必牢记快捷键**

| 追踪前导参照 | Alt | M | P | |
|---|---|---|---|---|
| 追踪从属参照 | Alt | M | D | |
| 移除箭头 | Alt | M | A | A |

请注意，"Alt"键必须单独使用才行。和"Ctrl"键的组合式快捷键不同，"Alt"键并非同时和其他键一起按。若以追踪为例，就是依序按下"Alt""M""P"。换句话说，就是在操作时必须连续按三次键盘的意思。

不同的键盘可能位置稍有差异，不过"Alt"键通常位于键盘的左下角。操作时，请先看一看手边的键盘，确认一下"Alt"键在哪个位置吧。

最后来介绍一下，当前导参照的单元格位于其他工作表上时，要采取什么样的方法确认呢？如图2-17所示，当前导参照的单元格位于其他工作表上时，箭头会以虚线表示。此时，在虚线处点两下，选择移动的目标，即可移动到前导参照的单元格进行确认。

**图2-17** | **追踪不同工作表上的前导参照单元格**

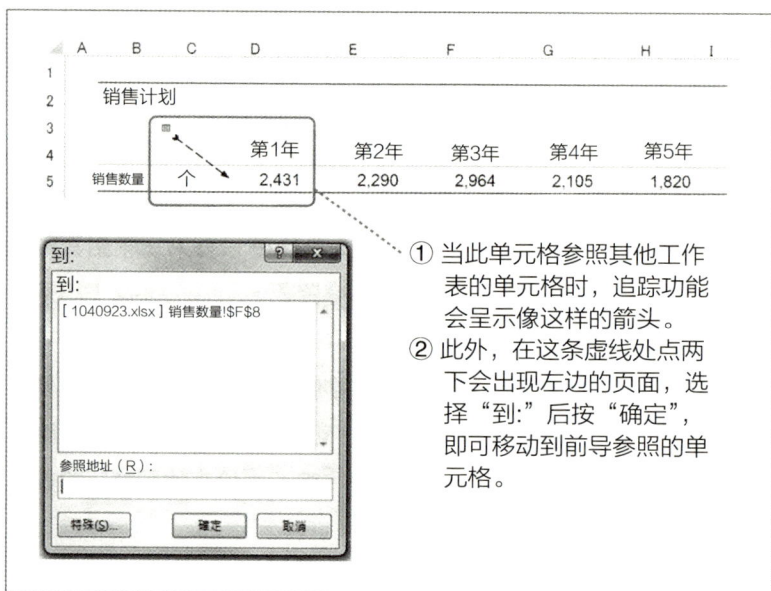

① 当此单元格参照其他工作表的单元格时，追踪功能会呈示像这样的箭头。

② 此外，在这条虚线处点两下会出现左边的页面，选择"到:"后按"确定"，即可移动到前导参照的单元格。

另外，如果在其他工作表上的前导参照只有一个，按"Ctrl"＋"["来移动到前导参照的单元格。

关于快捷键的部分，第三章还会有更详细的说明。

## 3 | 数值的推移可以用"线"来检查

检查数字的时候，光用眼睛盯着数字看并不能发现错误。数字的推移一定要用"线"来检查才可以。

举例来说，假设团队成员完成了一份销售计划表，并请你帮他确认。

单看图2-18的数字，你看得出任何不对劲的地方吗？光是这样浏览过去，并不能看出什么端倪，如果用这种方式检查，可能一下就结束了，但如果用线来画出第1年到第5年的销售数量的推移，就会得出如图2-19中的图表。

从这张表格可以看出，从第1年到第2年，以及第3年到第5年，销售数量都呈现减少的趋势。但很奇怪的是，其中只有第3年比其他年度增长许多。此时，你可能会注意到："为什么只有第3年向上增长呢？"于是便去和当初制表的同事确认。

图2-18 表中的数字哪里看起来不太对劲

| | A | B | C | D | E | F | G | H | I |
|---|---|---|---|---|---|---|---|---|---|
| 1 | | | | | | | | | |
| 2 | 销售计划 | | | | | | | | |
| 3 | | | | | | | | | |
| 4 | | | | 第1年 | 第2年 | 第3年 | 第4年 | 第5年 | |
| 5 | 销售数量 | | 个 | 2,431 | 2,290 | 2,964 | 2,105 | 1,820 | |

图2-19 数字的推移在图表的帮助下一目了然

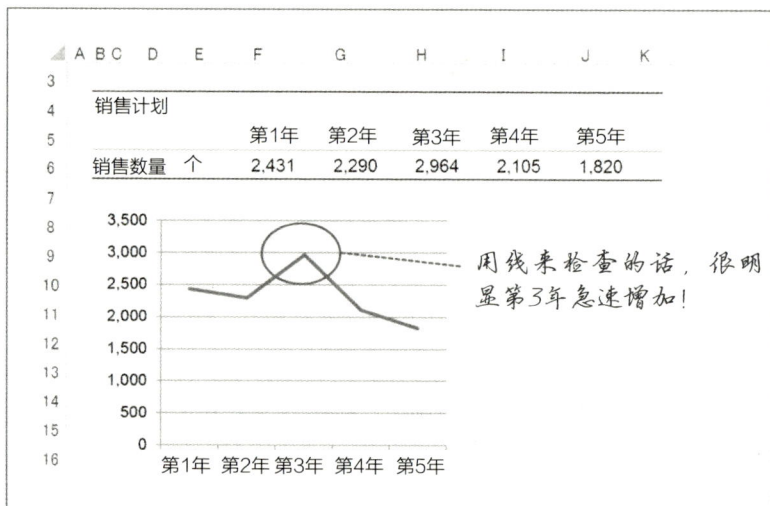

| | A | B | C | D | E | F | G | H | I | J | K |
|---|---|---|---|---|---|---|---|---|---|---|---|
| 3 | | | | | | | | | | | |
| 4 | 销售计划 | | | | | | | | | | |
| 5 | | | | | 第1年 | 第2年 | 第3年 | 第4年 | 第5年 | | |
| 6 | 销售数量 | | 个 | | 2,431 | 2,290 | 2,964 | 2,105 | 1,820 | | |

用线来检查的话，很明显第3年急速增加！

这张图就是所谓的折线图。像这样把数字画成线条来看，很容易就能注意到是否有异常的部分。只要依照图2-20的步骤，很快就能完成一张折线图，因此在检查数字的变化时，请养成画线来看的习惯，检查能力也能够大幅提升。

**图2-20** | **折线图的绘制方法**

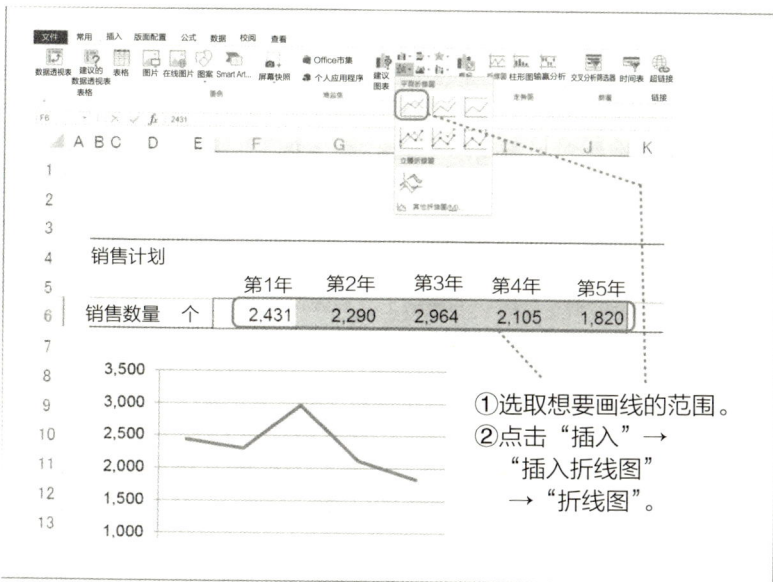

①选取想要画线的范围。
②点击"插入"→"插入折线图"→"折线图"。

另外，折线图除了可从"插入"功能区绘制，也可以使用快捷键。如图2-21所示，选取要绘制折线图的范围后，依序按下"Alt""N""N""Enter"键。和前面的追踪功能一样，也是分成四次，一次按一个键。

| 图2-21 | 折线图是一种很方便的功能，要记下快捷键 |

| 用图表绘制数字的推移 | Alt | N | N | Enter |

绘制折线图的位置，只要不挡住原来的数字，可以和表格放在同一张工作表中。完成数字的检查后，请记得删除折线图。先点选折线图的区域，再单击"Delete"键即可删除。

## 4 在Excel的工作上安排充分的时间

到目前为止，我们已经了解了如何设定可以让计算更简单易懂，也说明了计算的检查方法。最后，关于前述这两件事，我想再次强调一个重点，希望各位能够花费充分的时间在Excel的作业上。制作Excel时越心急越容易出错，这是毋庸置疑的事实。如果没有安排充裕的时间，计算时绝对会出现错误。

作业时间太过紧迫，不但会让计算变得杂乱无章，检查工作也会做得不够细致。如此一来，自然会增加误算的情况，也让人越来越讨厌Excel，觉得"Excel果然很难，真的不适合我"。如果想要克服对Excel的反感，一定要安排充裕的时间处理Excel的工作。按部就班地完成计算，仔细检查，制作出正确无误的Excel，这才是Excel作业的最佳快捷方式。

因此，重要的是要把图2-22左上角的部分"Excel的作业时间很少"，改成"确保充裕的Excel作业时间"。如此一来，不但能够花时间检查，也能够减少错误。久而久之，当我们开始对Excel有信心以后，也会更有动力，觉得："好，再多花一点时间，把它做好吧！"在最初阶段花费充分时间，才能创造出良性循环。

**图2-22** | **在Excel的作业上，多花点时间**

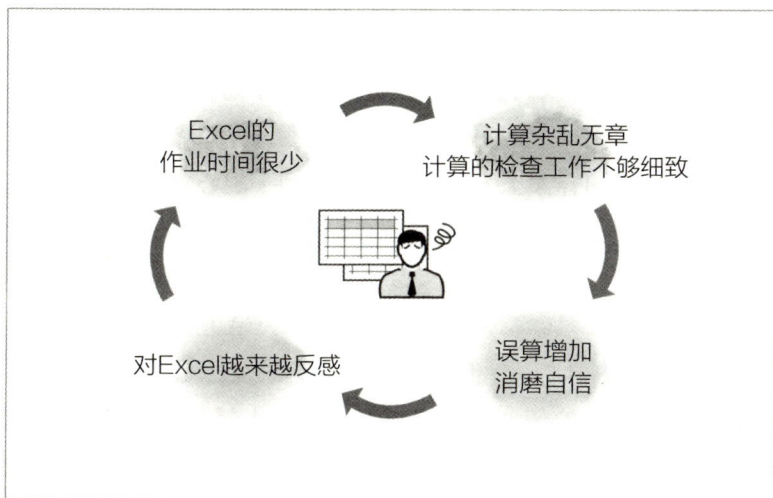

如何安排时间才够充裕呢？我的建议是尽量安排一段完整的作业时间。倘若在Excel作业过程中，一会儿要讨论事情，一会儿又要跟客户开会的话，Excel的作业时间就会变得很零散，每次重新编辑文件时，都会忘记："先前计算到哪里了？"或"这里的计算检查过了吗？"最后难免会出错。所以Excel的作业最好安排在一个不会被任何人打扰的环境里，集中精神一气呵成，这样比较不容易出错。

我在做Excel的计算，尤其是像收益计划这种大规模的Excel计算时，都会利用周末的时间专心完成。因为周末不需要开会，能够安排一段完整的时间。

说得更具体一点，我通常会睡到中午，获得充分的休息之后，在下午一点左右前往公司，然后在空无一人的办公室待到深夜，有时还待到隔天早上，只为了心无旁骛地完成Excel的作业。我一定会把文件全部完成，不会做到一半就不做了。因为做到一半就暂停的话，下次重启文件时很容易混淆。唯有集中精神进行作业，Excel才能顺利地完成，而且也才能够在没有压力的状态下完成工作。虽然过程很孤单，但一想到如果在平常那么忙碌的时间里进行作业，万一出错了又很麻烦，内心反而比较轻松。

至于后续到作业完成为止的阶段，也必须让自己有充分的时间。Excel的作业越到最后面越容易出错。常常是计算即将进入尾声，却在最后发现致命的错误。所以Excel的作业最好能够提早进行。若说最理想的状态，应该是"已经计算过一回的Excel，还有时间可以从头开始再计算一回"，这样是刚好的。在制作Excel的过程中，我经常会做到一半心想："早知道一开始这样做就好了，真想重做一次。"这是提升Excel能力的大好机会。请各位多多把握这样的机会，力求达到心目中最理想的结果。从失败中获取经验，重新制作的Excel，质量肯定比以往高出许多。

假设现在要在一周之内完成收益计划的表格，那么最好能在四天之内就完成全部的作业，然后用剩余的三天时间仔细检查，并且在必要时加以修正。这样安排工作时间，应该就没问题了。我再强调一次，如果在最后急着赶工，很容易出现错误的。所以一定要妥善安排时间，尽量让工作提早完成。

## 4. 如何运用团队合作避免误算

接下来的主题是如何运用团队合作来避免误算。首先想让各位知道的一点是，在很多情况下，误算发生的原因来自和别人共享同一个Excel文件。由于不了解从团队成员手中取得的文件，所以才会发生错误。

例如不知道哪一份文件才是最新的，又或者头脑聪明的人用Excel做了太复杂的计算，导致其他成员看不懂，所以无法找出其中的错误等，都是有可能发生的问题。

因此，建构一套即使共享文件也不会出错的工作方法或模式非常重要。如果不严格制定避免误算的原则或文化，误算的情况绝对不会减少。换言之，团队里面如果只有一个人懂得正确使用Excel，其实一点意义也没有。更重要的是整个团队或组织应该共同努力，建立一套能够避免误算的原则和文化。

# 1 | 团队合作的两大原则

团队合作时要避免误算，有两个原则。第一个原则是指定一个人负责计算。这一点非常重要。

投资银行在计算企业并购的金额时，负责Excel计算的通常只有一个人。两个人或三个人一起用Excel计算的情况非常少。因为分工越细，越容易出错。分别完成多个文件以后，再把计算合在一起，是一件非常辛苦的工作。所以基本上所有的文件都统一由一人管理，修改的工作也由同一个人进行，这才是投资银行的常态。

假设有一组三人团队准备向客户进行简报，简报中必须以明确的数字告诉客户，这个提案能为他们创造多少利润。在这种情况下，首先要先选定一个人负责用Excel计算出客户的利润。然后当他完成计算以后，再把检查工作交给其他成员。一个人负责全部的计算，两人负责检查计算的内容，用这种方式分工合作。

其他两人在检查时应注意的重点是，不要自行修改原始的Excel文件，而是把要修改的部分全部告知Excel的计算负责人，让他进行修改的工作。负责人理解了应该改的部分后，应自行完成全部的修改工作。

要是负责检查的人擅自操作Excel，最后很容易搞不清楚谁修改了哪部分，结果更容易导致错误。因此，指定一个人负责计算并由他统一作业，是很重要的原则。

　　此外，除了负责用Excel计算的人之外，其余两人也不能置身事外。不能因为把计算和检查的工作分开，就完全忘记这是一场团队合作。如果把所有计算责任全部推到一个人身上，可能会让那个人觉得压力很大，而这同时也是造成错误的原因之一。除此之外，最后完成的Excel也有可能只有本人才看得。

**图2-23 ｜ 共享Excel的三人计划**

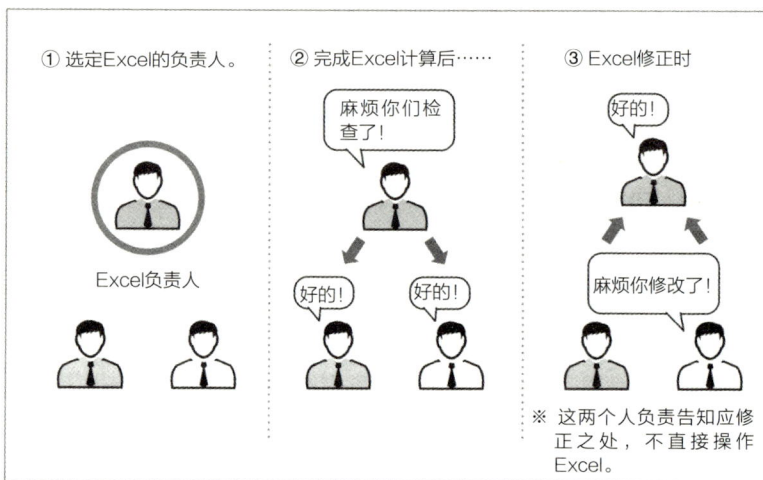

　　第二个原则是文件只能有一个。有些人习惯把计算过程分成好几个文件，但我并不建议这么做。文件尽量整理成一个，让人清楚知道这是最新的文件。如此一来，就不会误用到旧的文件。

　　另外，计算时如果同时使用多个文件的数字，文件与文件之间的关联性也很难理解。所以为了避免这种事情发生，基本上也是以一个文件为原则。

即使是大规模的并购案，大部分情况下也只有一个Excel文件。在一个文件内完成所有计算，是投资银行彻底遵循的原则。

---

**专 栏　24小时的Excel接力赛**

前文提到的注意事项包括：（1）安排充分的Excel作业时间，按部就班完成计算工作；（2）指定一个人负责计算，所有计算汇整成一个文件。但总是会有一些紧急情况，无法给予太多的时间。碰到这种情况时，究竟该怎么办呢？

以下就来介绍一个我从投资银行前辈口中听来的趣事吧。听那位前辈说，他曾经负责过一桩企业并购案，必须在极短的时间内完成收益仿真模型。如此庞大的工作量实在无法独力完成。但同时使用多个文件也很危险。于是他们采取了什么办法呢？他们竟然由两人轮流工作，在24小时内，共同完成了仿真模型。也就是两人在一天之内，各负责12小时，以接力的形式共同完成了一份Excel。这样一来，的确只要一个文件就能完成工作了。听完以后，我不免深深庆幸，还好当初那件并购案的负责人不是我。

---

## 2 ｜ 存档时"另存新文件"

完成Excel作业之后，下一步是把文件储存起来，但存文件的方式也有需要注意的地方。很多人储存Excel文件时，习惯用"储存"来覆盖原本的文件，但最好改掉这个习惯，尽量改用"另存新文件"的功能。因为Excel的追踪修订功能并没有Word那么好用，所以为了保留修订的轨迹，最好把过去的文件全部留下来。

至于文件的名称，请设定为文件名加日期与编号。在文件名的后面加上当天的日期，然后输入底线并依序编号。举例来说，就像"Simulation_20150722_3"这样，接在存档日期后的编号"1""2""3"，代表的是修订的次数。

顺带一提，当我们在修改文件时，应该多久使用一次"另存新文件"的功能呢？以我为例，我大概每进行一小时的Excel作业，就会另存一个修订版的文件。只是当计算越来越复杂时，另存新文件的频率也会越来越密集，从30分钟一次，到15分钟一次，有时甚至每完成一步就储存一个修订版的文件。因为作业越复杂越容易出错，所以修正的动作也会越来越频繁。

还有一件很重要的事，就是建立原始文件夹。把为了后续追踪而留下的旧文件，全部都收到原始文件夹里。如此一来，就不会搞不清楚哪个才是最新的文件，也不会不小心误用到旧的文件。

如果不建立原始文件夹的话，就会像图2-25一样，许多文件名相似的文件全部排在一起。这样要找出最新的版本也很辛苦，而且也很容易酿成错误。

**图2-24** **建立原始文件夹，轻而易举就能找到最新文件**

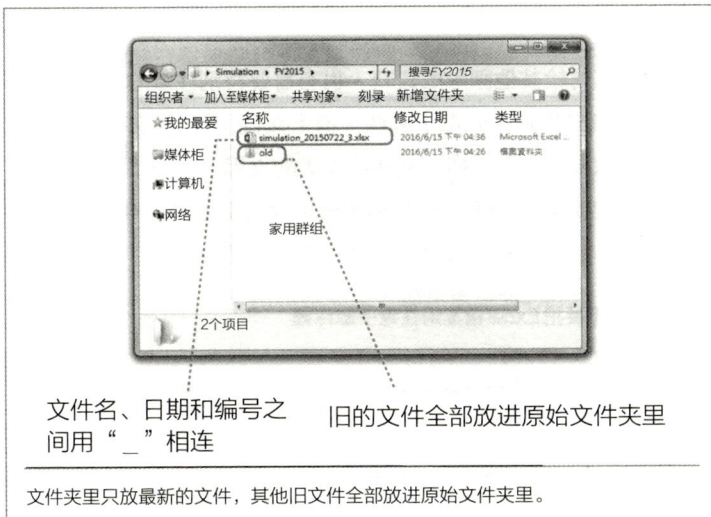

文件名、日期和编号之间用"_"相连　　旧的文件全部放进原始文件夹里

文件夹里只放最新的文件，其他旧文件全部放进原始文件夹里。

**图2-25** **没有原始文件夹的话，就会变成这样……**

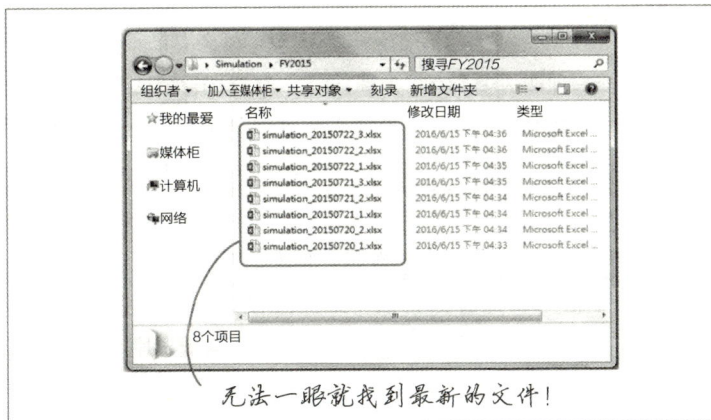

无法一眼就找到最新的文件！

## 3 | **Excel文件不要附加在邮件中**

　　把文件传给其他团队成员时，也有应该特别注意的事项。我们常常会收到夹带附件的电子邮件，上面交代："麻烦您帮忙确认这个文件。"但请改掉这样的习惯。站在收件者的立场，他并不知道附件的Excel是不是最新的文件，因为文件有可能在寄出以后再度被修改。

**图2-26** | **不要把Excel文件附在电子邮件里**

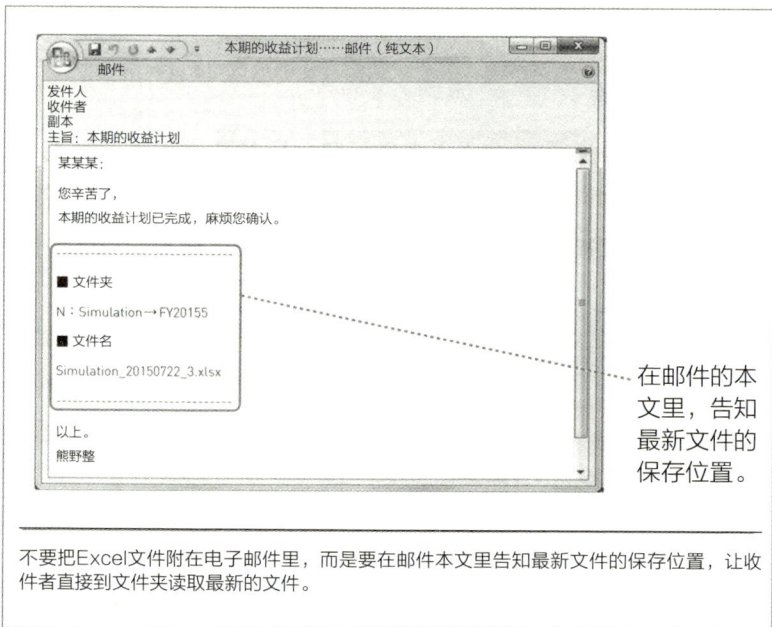

在邮件的本
文里，告知
最新文件的
保存位置。

不要把Excel文件附在电子邮件里，而是要在邮件本文里告知最新文件的保存位置，让收件者直接到文件夹读取最新的文件。

多人共用Excel文件时，很重要的一点是要让所有人共用最新的文件。为了避免使用到不同的版本，请在共享中心上选定一个共享文件夹，把最新的文件放在文件夹里共享，并严格执行这个方法。

## 4 重视简单计算的文化

容易发生Excel误算的团队通常有几个特征，其一是"偏好使用重复的Excel"。不用说也知道，越简单易懂的计算，越不容易出错。

其实在企业训练的时候问一下就会发现，有不少人认为"会用Excel的人"等于"会用宏的人"或是"知道很多快捷键的人"，其实这是天大的误解。明明简单计算就好的东西，偏要用困难的函数或宏去计算，结果反而让团队成员看不懂，进而头昏脑涨地想要离数字越远越好。像这种糟糕的情况可不在少数。

有一种人，我称他们为"Excel狂人"，这些人即使碰到简单的计算，也会大费周章地使用其实没必要用到的宏，好让所有计算都能自动完成。我不是不能理解他们的想法，只是这些Excel狂人做出来的Excel，一来其他人看不懂，二来也无法检查其正确性。

当这些Excel狂人离职之后，因为没有人可以接手他们的工作，所以常常需要重新制作一份Excel文件。

具备宏相关知识的人，一旦在最初的阶段擅自使用宏功能，最后就会造成这样的问题。所以计算时请尽量简化，让所有人都能够进行检查工作。

虽然投资银行的人经常面对大量复杂的计算，但几乎没人知道宏如何使用。我在投资银行任职的时候，也从来不曾为此而感到困扰。计算要简单，检查要彻底，并恪守这样的原则，这才是整个团队共同消除错误的必要手段。

那么，该怎么做才能建立以简单计算为目标的工作文化呢？方法很简单，只要发现有人的计算太复杂，就明白了当地告诉他："这个太难懂了，麻烦你再做得简单一点。"如果有人认为复杂的计算很厉害，那他可就错了。复杂的计算就是难懂的计算，难懂的计算就是不好的计算。所以才要说："麻烦你再做得简单一点。"只要重复提出这样的要求，应该就能慢慢建立起简单计算的工作文化。

如果同事之间难以启齿的话，也可以委托外部训练的讲师，请他特别在员工面前强调复杂计算的缺点。

喜欢用复杂的方式计算的人，有时会搬出一些似是而非的道理，例如："虽然计算过程的确很复杂，但这样能让Excel的计算自动化，进而提升作业的效率，所以我坚持这么做。"这番话确实有理。任何人都会希望工作尽量自动化。在此我希望让团队成员共同讨论的是"作业自动化的优点和复杂计算造成错误的缺点"。如果因为对作业的自动化太过坚持而导致误算的话，就一点意义也没有了。

我并不是在全盘否定宏的功效，有些时候确实有必要用到宏。如果遇到那种情况，要努力提升相关技术，力求让团队全员都学会如何使用宏。重要的是让所有人的能力都达到一致，避免因为"独善其身"的Excel而导致误算。

**图2-27 ┃ 建立要以简单计算为目标的团队**

⭕ 好的工作文化

- 以简单计算为目标。
- 以所有团队成员都看得懂的计算为目标。
- 不使用非必要的宏或函数。

❌ 坏的工作文化

- 认为"能够完成复杂计算的我，实在很厉害"。
- 想用团队成员无法理解的高难度计算，展现自己的技巧有多纯熟。
- 偏好使用非必要的宏或函数。

**5 ┃ 团队能否减少误算取决于领导者的心态**

在第二章的最后，就让我们来谈谈领导者吧。

能否建立一套没有误算的组织文化，取决于该公司的负责人、团队上管，即组织的领导者，对于"彻底执行毫无错误的计算"有多坚持。

大家都不喜欢计算，也不希望计算出错，所以可以的话，当然不想接触Excel的工作。如果团队的领导者整天嚷嚷"我是业务出身的，不擅长计算，所以算错也是没办法的事"，那么团队成员在计算时，基本上就不会抱持着"绝对不能算错"的强烈意志。如果组织的领导者没有强烈的责任感，反而轻易容许错误发生的话，全公司的员工都会上行下效，对计算的工作避之唯恐不及。

若你身为组织的领导者，请务必牢记：能否减少整个团队的误算，完全取决于领导者的心态。

## 6 | 领导要尽可能提出疑问

那么身为一个领导者，又该用什么样的方式和团队成员沟通呢？首先，当同人完成Excel计算，把文件拿来请你确认时，请尽可能提出疑问，确认对方的计算是否真的符合当前的需求。

若太过专注于Excel的作业之中，最后可能无法用理论说明"为什么会得到这样的结果"，或者数字明显不太对劲，却没注意到"若营业收入不如预期般增长，怎么会这样？"。领导者要是能在此时提出疑问："为什么得到这个数字？请给我一个理由。"团队成员也会转换角度，用另一种视角去查看数字。即使是简单的问题也没关系，总之提问这件事本身很重要。

被问过这样的问题以后，下次团队成员拿Excel给领导者看之前，就会先查证数据，确认计算是否合理了。同时还会养成合理思考的习惯，直到自己也能接受，并且有办法条理分明地提出"营业收入增长，净利却减少，是因为费用增加所致"的分析为止。

那么具体来说，究竟该如何提问呢？我们来瞧瞧下面这个例子。假设团队成员交出了一份如图2-28的收益计划表。

**图2-28** **从这张表格来思考该如何提问**

| | | 第1年 | 第2年 | 第3年 |
|---|---|---|---|---|
| 收益计划 | | | | |
| 销货收入 | 元 | 823,000 | 984,570 | 893,661 |
| 　销货数量 | 个 | 1,000 | 1,110 | 1,077 |
| 　增长率 | % | N/A | 11% | -3% |
| 　单价 | 元 | 823 | 887 | 830 |
| 费用 | 元 | 320,000 | 590,000 | 460,000 |
| 　薪资支出 | 元 | 220,000 | 460,000 | 460,000 |
| 　员工人数 | 人 | 1 | 2 | 2 |
| 　平均薪资支出 | 元 | 220,000 | 230,000 | 230,000 |
| 　租金 | 元 | 100,000 | 130,000 | 130,000 |
| 营业净利 | 元 | 503,000 | 394,570 | 433,661 |

看了这张表格后，领导者应该会先问："第二年的营业净利比第一年还少，请问减少的原因是什么？"

此时，团队成员应该回答："销货收入虽然增加，但费用增加得更多，所以营业净利就减少了。"

于是领导者再问："为什么费用会增加呢？"团队成员便说明："因为员工人数增加，平均薪资支出增加，还有房租的租金支出也增加了，所以费用才会变多。"

领导者继续提问："第2年到第3年的营业净利增长，又是为什么呢？"

团队成员答道："因为销货收入虽然减少了，但费用减少的幅度更大，所以营业净利比第2年多。"此时，还可以再问下去："为什么第3年的费用减少了呢？"

这样一问，对方就会突然发现，明明员工人数没有改变，平均薪资支出和租金也没有改变，为什么费用却减少了呢？这样不是很奇怪吗？

问题就出在图2-29中粗线框起来的部分。

**图2-29　好像哪里不太对劲……**

| A B C | D | E | F | G | H | I |
|---|---|---|---|---|---|---|
| 1 | | | | | | |
| 2 收益计划 | | | | | | |
| 3 | | | 第1年 | 第2年 | 第3年 | |
| 4 销货收入 | 元 | | 823,000 | 984,570 | 893,661 | |
| 5 销货数量 | 个 | | 1,000 | 1,110 | 1,077 | |
| 6 增长率 | % | | N/A | 11% | -3% | |
| 7 单价 | 元 | | 823 | 887 | 830 | |
| 8 费用 | 元 | | 320,000 | 590,000 | 460,000 | |
| 9 薪资支出 | 元 | | 220,000 | 460,000 | 460,000 | |
| 10 员工人数 | 人 | | 1 | 2 | 2 | |
| 11 平均薪资支出 | 元 | | 220,000 | 230,000 | 230,000 | |
| 12 租金 | 元 | | 100,000 | 130,000 | 130,000 | |
| 13 营业净利 | 元 | | 503,000 | 394,570 | 433,661 | |

员工人数没变，为什么费用却减少了？

　　一旦发现"不太对劲"的时候，下一步就是检查哪里出了问题。若以此处为例，不妨先用追踪前导参照的功能，来检查一下计算过程。

　　追踪箭头如图2-30所示。

## 图2-30 | 用追踪功能检查计算过程

| | A B C | D | E | F | G | H | I |
|---|---|---|---|---|---|---|---|
| 1 | | | | | | | |
| 2 | 收益计划 | | | | | | |
| 3 | | | | 第1年 | 第2年 | 第3年 | |
| 4 | 销货收入 | | 元 | 823,000 | 984,570 | 893,661 | |
| 5 | 销货数量 | | 个 | 1,000 | 1,110 | 1,077 | |
| 6 | 增长率 | | % | N/A | 11% | -3% | |
| 7 | 单价 | | 元 | 823 | 887 | 830 | |
| 8 | 费用 | | 元 | 320,000 | 590,000 | 460,000 | |
| 9 | 薪资支出 | | 元 | 220,000 | 460,000 | 460,000 | |
| 10 | 员工人数 | | 人 | 1 | 2 | 2 | |
| 11 | 平均薪资支出 | | 元 | 220,000 | 230,000 | 230,000 | |
| 12 | 租金 | | 元 | 100,000 | 130,000 | 130,000 | |
| 13 | 营业净利 | | 元 | 503,000 | 394,570 | 433,661 | |

　　检查之下发现，费用项下原本应该包括薪资支出和租金，但第3年的费用漏算了租金。类似的错误其实很容易发生，但实际计算的时候却不容易发现。

　　因此，当团队成员把收益计划表拿来时，一定要锲而不舍地追问净利增加了或者减少了的原因。如果因此发现错误的话，成员心中也会萌生必须更仔细检查的念头。虽然误算的原因有可能是因为能力不足，但很多时候也有可能是出自计算时的心态问题。

　　此外，利用Excel制作收益计划或进行企业分析时，从"过去同期比较"或"类似企业比较"的角度切入，也是很有效的方法。

"过去同期比较"就是比较过去、现在、未来的数字，并询问其变动或差异的原因，比如说"为什么过去三年的营业净利率逐年提升"或"为什么未来的预估数字中，薪资支出会减少呢"。懂得如何借由时间数列的比较来说明原因，是非常重要的能力。

至于"类似企业比较"的部分，可以问："为什么竞争对手A公司的营业净利率是10%，我们却只有8%？"如果团队成员可以清楚地说明营业净利率比A公司低的理由那还可以，但如果对方只答得出来："对啊，到底为什么呢？Excel计算的结果就是这样……"那我必须说这个人对数字的敏感度还有待加强。

说起来，Excel只不过是商场上必备的计算工具而已。并不是用Excel计算出结果就没事了，还要能够用自己的话清楚说明最后的计算结果，才能算是真正地完成了Excel的计算。身为领导者，请追根究底地提出疑问吧，好让团队成员能够借由操作Excel的过程，不断增强对商业数字的敏感度。

## 7　领导要给予充分的Excel作业时间

领导要给予团队成员充分的Excel作业时间。越是仓促完成的Excel，越容易出错。在安排工作进程时，必须考虑是否有充分的时间，让人可以按部就班地完成Excel作业。如果是大型的计算作业，例如规划下年度的工作计划等，那么最好不要同时安排其他工作，好让负责人可以专心完成眼前的工作。倘若同时进行多项作业，根本无法专心在Excel上的话，此时便很容易忙中出错，毕竟Excel就是如此复杂缜密的工作。

然后，一旦决定了完成期限，在负责人完成Excel计算并把文件交上来之前，请不要时不时就提出自己的意见。因为动不动就提出自己的意见，不但会让负责人有压力，还有可能扰乱他原先制订的作业计划。比较适当的时机，应该是在他开始作业前统一指示，或是在他提出结果后再给予建议。

此外，随着信息科技越来越进步，各种内部数据越来越齐全，大家对于Excel数据的要求似乎也越来越多。例如有人会要求"给我看薪资支出的细项"或者"我还想了解各事业群的营业净利率"，都让人觉得Excel似乎有复杂化的趋势。

向部下要求细节的数据，我认为这件事情本身并非不好，只是在提出要求之际，各位必须要有一个认知，就是这件事情需要耗费多少时间或成本。如果希望部下提出薪资支出明细的话，就应该把作业的时间考虑进去，把截止期限向后延长，同时也应该理解提供这项数据会产生相应的费用（如负责人的薪资支出），先有了这层认知以后再提出要求。

倘若对制作资料提出更复杂的要求，却不调整截止期限，将使负责人在焦急的状态下完成工作。最后万一导致误算，只留下一堆毫无意义的资料，这恐怕是最糟糕的结果。

## 8 | 误算的最终责任在领导身上

最后要谈的是一件相当理所当然的事，那就是事业部或企划的负责人，必须亲自完成最后的计算检查工作，然后对计算的结果负起责任。向客户提出的数据如果有误，并被对方指正的时候，有些人会用"都是部下做事不够细心"来逃避责任。这样一来，别说是客户了，连部下都会对这种主管失去信赖。越是重要的计算工作，越要在最后亲自检查，并对数字负起责任，我希望各位能够成为这样的领导者。

我在投资银行参与大型企业并购案的时候，曾经从纽约分公司一位非常了不起的银行家那里，收到一封指名给我的电子邮件，对方在信上要求："我想确认一下这个数字，想请你把你做的Excel文件提供给我。"我收到信以后非常感动，虽然他已经成为如此了不起的人物，但还是坚持亲自检查Excel。

面对数字不能心存侥幸的态度。因为计算错误会失去客户的信赖，所以身为企划或团队的领导者，一定要亲自检查计算过程，并扛起最后的责任。

## 专栏　亲手修正数字的上司

　　我在投资银行的上司，是一个对数字非常严格，而且以提供正确数字为傲的人。当时曾经发生过这么一件事，让我佩服地想："这个人真了不起！"

　　这件事情发生在某次去向客户提案的时候。虽然我们在提案前已经完成各种计算，并制作成简报数据，但搭上出租车后才开始检查资料的上司，竟然在车上发现有个小地方计算错误。他发现的是一个微不足道的数字。正在出租车上的我，即使想要修改也无法修改，况且投资银行制作的简报数据，是非常精美的印刷品。更何况数字的误差非常小，小到完全不会影响提案的内容。

　　当时上司是怎么处理这件事的呢？他毫不犹豫地拿起笔来，直接在精美的简报数据上改掉错误的数字。最后那场简报就用修改过的数据给客户看。

　　那时我心想："这个人真了不起！"即使是一点细微的计算错误，也坚持用手写的方式改正过来，绝不容许出现任何错误的数字。"数字是否正确，比数据是否精美更重要"，他所采取的行动完全出于这样简单而强烈的信念。

　　在旁边目睹这一切的我，一边佩服上司的举动，一边也因自己让上司蒙羞感到很抱歉，我暗自提醒自己，以后再也不要犯同样的错误（但在那之后，我还是经常犯错……）

　　综上所述，组织的领导者如果不对数字的计算结果负责，坚持交出正确的数字的话，组织里面的人对数字的意识也不会提高。

# 第 3 章 高效率的 Excel

记住好用的快捷键，同时提升工作的质与量

# 1. 投资银行的Excel计算"超级"迅速

第三章要说明的主题是，如何运用技巧提升Excel的计算速度。Excel的作业速度因人而异，而且差异的幅度相当大。在我的Excel讲座上，曾经有位女性参加者问我："该怎么做才能提升Excel的作业速度？"由于她家里有小孩，必须在有限的时间内获得最大的效果，因此她一心想要提升Excel的作业速度。

应该也有不少商务人士有同样的想法吧？其实只要把握住几项原则，就能大幅提升Excel的作业速度。各位不妨试试看本章介绍的几项技巧。

外商投资银行的Excel计算速度真的很快。因为崇尚精英主义，一个人要完成三个人的工作，所以无论任何事情都讲求速度。此外，如果不提升Excel的作业速度，就没有时间检查计算内容。所以，为求正确无误的计算，作业的速度也很重要。

因此，本章将结合我个人的经验，介绍一些提升Excel作业速度的方法。

第一章曾提到，公司新人刚入职时，会先送去纽约或伦敦接受三周左右的培训。其中大部分时间都在学习如何操作Excel，而且从培训的时候开始，就很注重提升作业的速度。

新人会在课堂上拿到一份讲义，上面足足列了50个左右的快捷键，并且要大家全部背下来。当时的我虽然很焦虑，觉得"这么多真的背得下来吗？！"，但好在一开始就牢记了这些快捷键，所以后来手指适应了键盘上的移动后，作业速度便大幅提升。而且一旦手指记住快捷键的位置，之后也不容易忘记，因此各位学会操作Excel以后，请尽早把快捷键背下来吧。

接下来这件事是我从别人那里听来的，听说在某外商投资银行的新进员工培训课堂上，讲师出了一道Excel的计算题，并要求大家当场完成表格。最后大家平均完成表格的时间是15分钟。接着讲师播放了一段影片，示范前人完成那张表格最快速的方法，结果从头到尾竟然只花了20秒。据说还因为速度太快的关系，没人看懂那段影片在做什么……类似这种提升Excel作业速度的训练，任何一家投资公司都一定在实施。

此外，任职于外商投资公司的朋友也告诉我，他在进公司的第一天，就被前辈要求："禁止使用鼠标。"前辈的目的应该是想让他记住快捷键的操作方法，但这种方式说起来还是挺让人不知所措的。

## 1 使用Excel并不是速度快就好

有一点希望各位不要误解，Excel并不是只要速度快就好。我在Excel讲座上一定会强调的一件事情，就是"快捷键记不下来也没关系"。很多人以为"会用Excel的人＝知道很多快捷键的人"，或"会用Excel的人＝会用宏的人"，但我认为这是对Excel先入为主的偏见。

使用Excel最重要的是如何简化基本的计算，并避免计算错误的情况。从优先级别来说的话，第一章和第二章说明的格式的设定方式和彻底的检查工作，比快捷键之类的技巧更重要。换句话说，提升作业速度只不过是为了拥有更多时间可以花费在那些作业上。请不要因为基本功没打好，却光会背快捷键，而成为别人口中"速度很快，但做出来的Excel既难看又错误百出的麻烦人"。

# 2. 提升计算速度不可或缺的"质"与"量"

　　如图3-1所示，提升Excel计算速度必须考虑的两项因素，分别是"提升计算的质"和"增加计算的量"。

**图3-1 提升Excel作业速度的要诀**

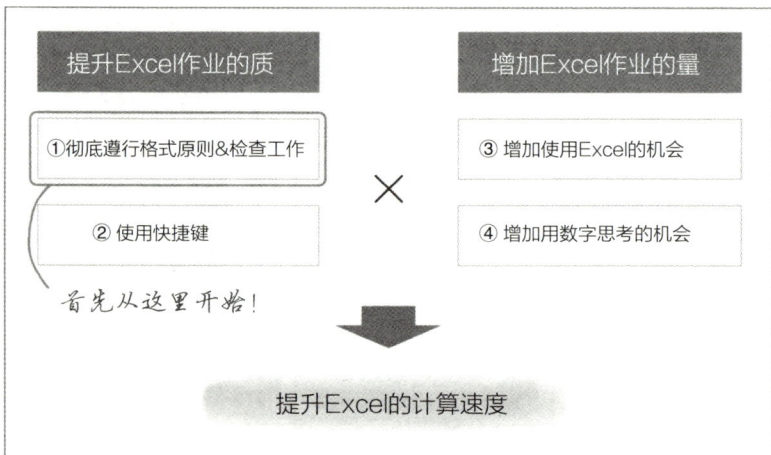

首先，所谓提升计算的质，就是借由统整格式来加快Excel的理解速度，或是熟记快捷键好让作业更有效率。

其次，增加作业的量也很重要。这一点可以通过增加Excel的操作次数来达成。因为快捷键背得再多，也要派得上用场才有意义。

## 1 彻底遵行格式原则和检查工作

关于计算速度与格式的关系，已经在第一章说明过了。此处就来简单地复习一下吧。

请见图3-2，只要统一公司内部或团队内部的格式，就能在更短时间内理解别人的Excel。此外，反复进行相同格式的作业，直到习惯成自然以后，Excel作业的速度也会自然而然地提升。

计算的检查工作也一样。检查的时候，如果不知道该怎么做的话，光是思考就会耗去不少时间。此时，若能参考第二章的内容，彻底运用"F2"键和追踪功能等检查工具，就不必思考多余的事，只要一再重复同样的动作即可，而作业的速度也会提升。

图3-2 彻底遵行格式原则和检查工作

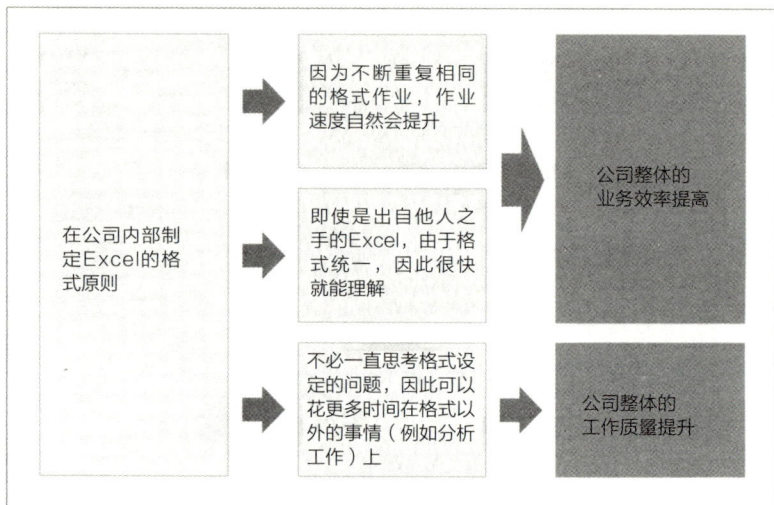

# 3. 快捷键的活用

　　如图3-3所示，妥善地活用快捷键，也能有效提升作业的速度。如果一直使用鼠标的话，多多少少会耗费作业的时间。

**图3-3 | 提升Excel作业速度的要诀**

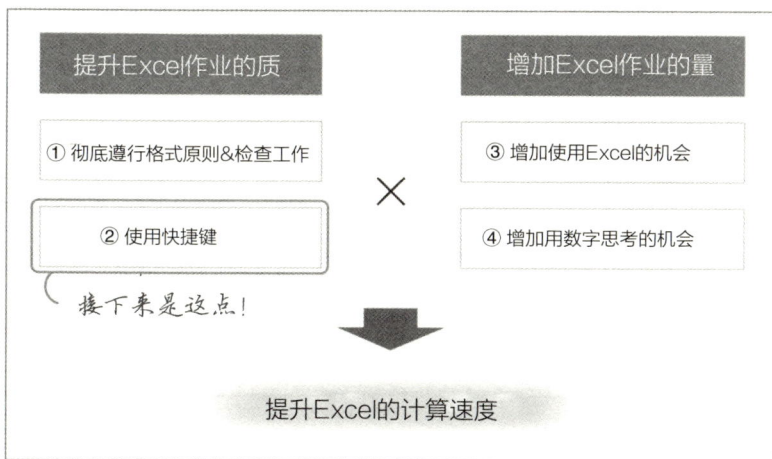

如图3-4所示，本单元将把快捷键分成三种类型加以说明。第一种是搭配"Ctrl"键的快捷键，第二种是搭配"Alt"键的快捷键，第三种则是不属于以上两种类型的其他快捷键。

**图3-4 | 使用快捷键**

1 搭配Ctrl的快捷键

2 搭配Alt的快捷键

3 其他（数字键盘、鼠标等）

搭配"Ctrl"键的快捷键之中，最具代表性的就是复制的"Ctrl"＋"C"，以及粘贴的"Ctrl"＋"V"。不过，由于搭配"Ctrl"键的快捷键很多，全部记起来太辛苦，不会用到的快捷键记起来也没用，因此本单元只介绍几组在任何作业中应该都能派上用场的快捷键。

至于搭配"Alt"的快捷键中，有许多是我希望各位能够知道，而且能够实际运用到的快捷键。若能彻底活用"Alt"键的功能，确实能够减少使用鼠标的次数。

最后，关于非"Ctrl"或"Alt"系列的键盘操作和鼠标操作，全部放在"其他"类型统一说明。由于其中也有用鼠标比用快捷键更迅速的操作方法，因此请务必牢记起来。

## 1 │ 本书的快捷键标示规则

在此先说明一下快捷键的标示规则。本书的快捷键标示方式，分成有"＋"和没有"＋"的两种（图3-5）。

### 图3-5 │ 本书的标示规则

| | |
|---|---|
| Ctrl+C | 同时按Ctrl和C |
| Alt H H | 按照顺序按Alt→H→H |

例如，以"Ctrl"＋"C"当中包含"＋"的情况来说，意思就是在按住"Ctrl"键的同时按下"C"键。

没有"＋"的标示就会写成像"Alt""H""H"这样。意思是依序按下标示的键。以此例来说，就是按照"Alt""H""H"的顺序按三次按键。请注意，此处并非一边按住"Alt"键，一边按下"H"键的意思。

## 2 | 设定格式的快捷键（[Ctrl] + [1]）

接下来，就从搭配"Ctrl"键使用的快捷键开始吧。第一组要介绍的是"Ctrl"+"1"。这组快捷键可以弹出"单元格格式"的对话框。

在第一章画表格框线的时候，也曾经使用过"单元格格式"的对话框，但当时是用右键单击的方式弹出"单元格格式"的对话框。如果每次都右键单击弹出"单元格格式"，确实有点浪费时间，所以这时就可以利用"Ctrl"+"1"键了。只要按下这组快捷键，就会立刻显示"单元格格式"的对话框。

显示"单元格格式"对话框后，下个步骤通常是点开"外框"等标签，这时就可以使用"Ctrl"+"Tab"的快捷键。只要单击这组快捷键，就会跳到右边的"对齐方式"。所以如果想要移动到"外框"标签的话，就在打开"单元格格式"的对话框以后，按三次"Ctrl"+"Tab"键。

不过接下来的操作，也就是画框线时选择线的类型和指定画线位置等动作，用鼠标操作会比用键盘操作来得简单。

此外，"Ctrl"+"Tab"键也可以使用在IE等浏览器的索引标签移动时。

## 图3-6 | 设定单元格格式的快捷键

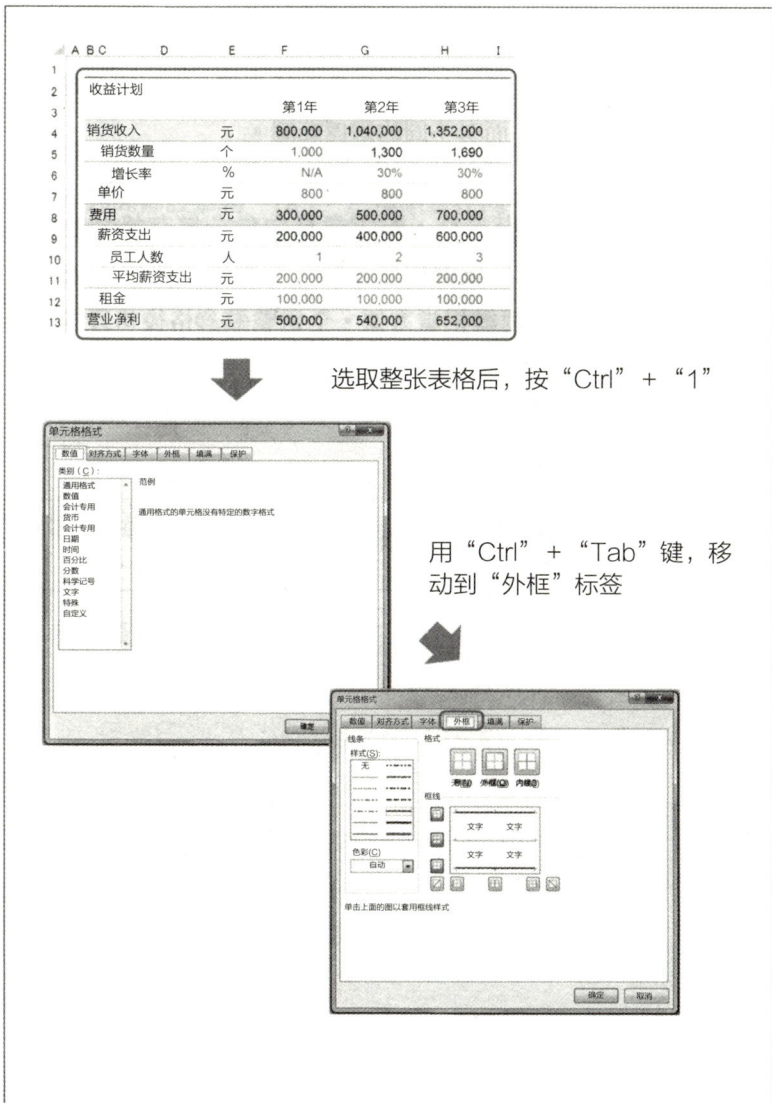

选取整张表格后，按"Ctrl"＋"1"

用"Ctrl"＋"Tab"键，移动到"外框"标签

## 3 全选工作表的快捷键（[Ctrl]+[A]）

接下来介绍的是全选表格或全选工作表的快捷键。这组快捷键会因单元格的位置不同，而有不同的选择范围。

若工作表中已有表格，并在点选表中任一单元格的状态下按"Ctrl"+"A"键，即可全选整张表格。在绘制表格框线或复制表格的时候，这个方法相当方便。全选整张表格后，再按一次"Ctrl"+"A"键，即可全选整张工作表。

若工作表中没有表格，或点选的单元格位于表格之外，此时按"Ctrl"+"A"的话，则可全选整张工作表。

全选整张工作表的操作，经常使用在设定基本格式的时候。举例而言，当行高要设定为"18"的时候，若先将整张工作表的行高都设定为"18"，之后不管在同一张工作表中新增多少个表格，都不必再一一设定行高了。

除此之外，将半角英文数字的字体统一设定为"Arial"的操作，同样可用全选工作表的方式，如此一来也可省下许多时间。

前文提到过英文数字字体统一选用"Arial"，指定"Arial"字体的动作最好每隔一段时间就重复一次。因为即使一开始就把数字字体统一为"Arial"，也有可能在计算或输入文字的过程中变成中文字体。尤其是中文里夹杂英文数字的时候，特别容易发生这种状况。

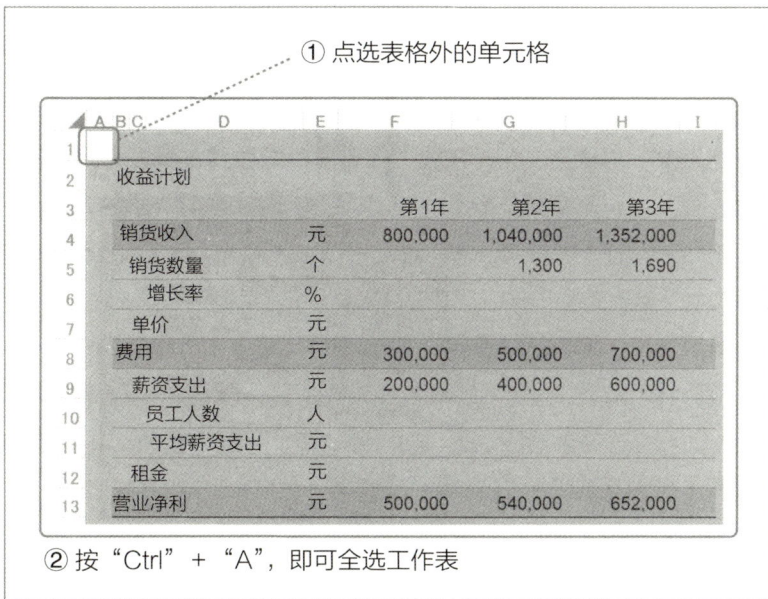

图3-7 **全选工作表的快捷键**

① 点选表格外的单元格

② 按"Ctrl"＋"A"，即可全选工作表

请看图3-8，销货收入项下的"价格（平均1个）"的"1"就
不是"Arial"字体。虽然乍看之下或许不会发现，但对于习惯用
"Arial"字体的人来说，恐怕还是会在意这种细节上的差异。话虽
如此，如果每次输入都要设定英文数字的字体，作业会变得相当
繁杂。因此才会建议每隔一段时间就全选工作表，把英文数字字
体统一设定成"Arial"。

為什么精英都是
Excel控

148

图3-8 | 如果在中文字符串后输入数字

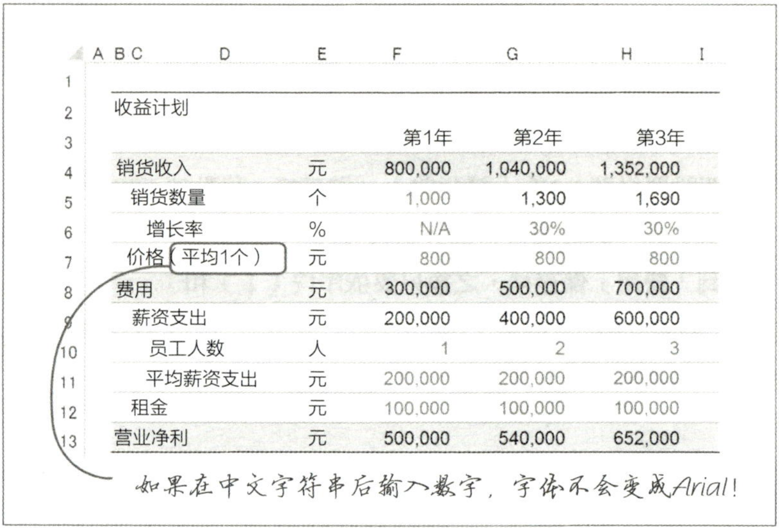

如果在中文字符串后输入数字，字体不会变成Arial！

## 4 | 移动到当前资料区边缘的快捷键（［Ctrl］＋箭头键）

虽然第一章已经介绍过移动到当前数据区边缘的方法，不过由于这组快捷键常用，因此这里再次说明操作的顺序。

假设要从图3-9的"销货收入"单元格，移动到"租金"单元格。现在点选的是"销货收入"的单元格。在这里按"Ctrl"＋"↓"键，即可一口气移动到"费用"的单元格。此时，只要依序按"↓"和"→"，即可移动到"薪资支出"。接下来再按一次

"Ctrl" + "↓"键，就会跳到"租金"的单元格了。

在单元格间移动时，光靠键盘上的箭头键或鼠标的滚轮，并不能提高作业速度。妥善运用"Ctrl"和箭头键，才加快移动的速度。

**图3-9** | **运用"Ctrl"+箭头键，提高在单元格间移动的速度!**

① 按"Ctrl"+"↓"键，跳到"费用"。

② 按"↓""→"移动到费用项下的"薪资支出"。

③ 按"Ctrl"+"↓"键，跳到"租金"。

移动变快了!

| | A B C | D | E | F | G | H | I |
|---|---|---|---|---|---|---|---|
| 1 | | | | | | | |
| 2 | 收益计划 | | | | | | |
| 3 | | | | 第1年 | 第2年 | 第3年 | |
| 4 | 销货收入 | 元 | | 800,000 | 1,040,000 | 1,352,000 | |
| 5 | 销货数量 | 个 | | 1,000 | 1,300 | 1,690 | |
| 6 | 增长率 | % | | N/A | 30% | 30% | |
| 7 | 单价 | 元 | | 800 | 800 | 800 | |
| 8 | 费用 | 元 | | 300,000 | 500,000 | 700,000 | |
| 9 | 薪资支出 | 元 | | 200,000 | 400,000 | 600,000 | |
| 10 | 员工人数 | 人 | | 1 | 2 | 3 | |
| 11 | 平均薪资支出 | 元 | | 200,000 | 200,000 | 200,000 | |
| 12 | 租金 | 元 | | 100,000 | 100,000 | 100,000 | |
| 13 | 营业净利 | 元 | | 500,000 | 540,000 | 652,000 | |

**5** | **选定到数据底端的快捷键（[Ctrl]+[Shift]+箭头键）**

和"Ctrl"+箭头键功能很类似的快捷键，还有"Ctrl"+"Shift"+箭头键。如图3-10所示，这组快捷键可以使用在选取连续的文字或数字时。

图3-10 选取栏或行的快捷键

按"Ctrl"＋"Shift"＋"→"，可以一次选取整行

| | A B C | D | E | F | G | H | I |
|---|---|---|---|---|---|---|---|
| 1 | | | | | | | |
| 2 | 收益计划 | | | | | | |
| 3 | | | | 第1年 | 第2年 | 第3年 | |
| 4 | 销货收入 | | 元 | 800,000 | 1,040,000 | 1,352,000 | |
| 5 | 销货数量 | | 个 | 1,000 | 1,300 | 1,690 | |
| 6 | 增长率 | | % | N/A | 30% | 30% | |
| 7 | 单价 | | 元 | 800 | 800 | 800 | |
| 8 | 费用 | | 元 | 300,000 | 500,000 | 700,000 | |
| 9 | 薪资支出 | | 元 | 200,000 | 400,000 | 600,000 | |
| 10 | 员工人数 | | 人 | 1 | 2 | 3 | |
| 11 | 平均薪资支出 | | 元 | 200,000 | 200,000 | 200,000 | |
| 12 | 租金 | | 元 | 100,000 | 100,000 | 100,000 | |
| 13 | 营业净利 | | 元 | 500,000 | 540,000 | 652,000 | |

| | A B C | D | E | F | G | H | I |
|---|---|---|---|---|---|---|---|
| 1 | | | | | | | |
| 2 | 收益计划 | | | | | | |
| 3 | | | | 第1年 | 第2年 | 第3年 | |
| 4 | 销货收入 | | 元 | 800,000 | 1,040,000 | 1,352,000 | |
| 5 | 销货数量 | | 个 | 1,000 | 1,300 | 1,690 | |
| 6 | 增长率 | | % | N/A | 30% | 30% | |
| 7 | 单价 | | 元 | 800 | 800 | 800 | |
| 8 | 费用 | | 元 | 300,000 | 500,000 | 700,000 | |
| 9 | 薪资支出 | | 元 | 200,000 | 400,000 | 600,000 | |
| 10 | 员工人数 | | 人 | 1 | 2 | 3 | |
| 11 | 平均薪资支出 | | 元 | 200,000 | 200,000 | 200,000 | |
| 12 | 租金 | | 元 | 100,000 | 100,000 | 100,000 | |
| 13 | 营业净利 | | 元 | 500,000 | 540,000 | 652,000 | |

按"Ctrl"＋"Shift"＋"↓"，可以一次选取整栏

举例而言，点选第1年销货收入的单元格"F4"，接着同时按"Ctrl""Shift"和"→"键，即可一口气选取从"F4"到第3年销货收入单元格"H4"的范围。若是纵向的话，点选第3年销货收入的单元格"H4"，同时按"Ctrl"＋"Shift"＋"↓"键，即可选取从"H4"到第3年营业净利单元格"H13"的范围。

由于用拖曳选取范围的方式比较耗时，因此请务必牢记这组快捷键。

然而，使用"Ctrl"＋"Shift"＋箭头键，也有可能会遇到失败的情况，就是像图3-11那样，直接选取到整行或整栏的最尾端。

图中所示范，是想把第1年销货收入"F4"单元格的公式，直接复制到第2年、第3年的销货收入单元格里，却选择范围失败的例子。复制单元格"F4"后，原本想用"Ctrl"＋"Shift"＋"→"键选取想要粘贴公式的范围，却把该行一直到最右边的单元格都选了起来。

要避免这种情况，有一个解决办法，就是在表格最边缘的外侧，加上一栏"end"的字样（图3-12）。文字内容不一定要用"end"，总之只要在表格边缘的外侧输入文字即可。

在表格边缘的外侧输入"end"字样后，先复制第1年销货收入的单元格"F4"，再按"Ctrl"＋"Shift"＋"→"键，即可选

**图3-11** | **不过，这组快捷键有个问题……**

| | A B C | D | E | | F | G | H | J | | XEZ | XFA | XFB | XFC | XFD |
|---|---|---|---|---|---|---|---|---|---|---|---|---|---|---|
| 1 | | | | | | | | | | | | | | |
| 2 | 收益计划 | | | | | | | | | | | | | |
| 3 | | | | | 第1年 | 第2年 | 第3年 | | | | | | | |
| 4 | 销货收入 | | 元 | | 800,000 | | | | | | | | | |
| 5 | 销货数量 | | 个 | | 1,000 | | | | | | | | | |
| 6 | 增长率 | | % | | N/A | | | | | | | | | |
| 7 | 单价 | | 元 | | 800 | | | | | | | | | |
| 8 | 费用 | | 元 | | 300,000 | | | | | | | | | |
| 9 | 薪资支出 | | 元 | | 200,000 | | | | | | | | | |
| 10 | 员工人数 | | 人 | | 1 | | | | | | | | | |
| 11 | 平均薪资支出 | | 元 | | 200,000 | | | | | | | | | |
| 12 | 租金 | | 元 | | 100,000 | | | | | | | | | |
| 13 | 营业净利 | | 元 | | 500,000 | | | | | | | | | |

按"Ctrl"＋"Shift"
＋"→"的话，可能会
选到最尾端的单元格

**图3-12** | **在表格外输入"end"，问题就解决了！**

按"Ctrl"＋"Shift"＋"→"，只
会选到此栏为止

| | A B C | D | E | F | G | H | I | J |
|---|---|---|---|---|---|---|---|---|
| 1 | | | | | | | | |
| 2 | 收益计划 | | | | | | | |
| 3 | | | | | 第1年 | 第2年 | 第3年 | |
| 4 | 销货收入 | | 元 | 800,000 | | | | end |
| 5 | 销货数量 | | 个 | 1,000 | | | | end |
| 6 | 增长率 | | % | N/A | | | | end |
| 7 | 单价 | | 元 | 800 | | | | end |
| 8 | 费用 | | 元 | 300,000 | | | | end |
| 9 | 薪资支出 | | 元 | 200,000 | | | | end |
| 10 | 员工人数 | | 人 | 1 | | | | end |
| 11 | 平均薪资支出 | | 元 | 200,000 | | | | end |
| 12 | 租金 | | 元 | 100,000 | | | | end |
| 13 | 营业净利 | | 元 | 500,000 | | | | end |

取到"end"之前的范围。接下来再按"Shift"＋"←"键，缩小选择的范围，即可选取从"G4"到"H4"的单元格，也就是第2年和第3年的销货收入单元格。

计算完以后，别忘了删除"end"的字样。

## 6 | 移动到其他工作表的快捷键 （［Ctrl］＋［Page Down］／［Page Up］）

在工作表之间移动，基本上还是用点选索引标签的方式，但当工作表数量太多时，这种方式也稍嫌麻烦了点。况且工作表的索引标签那么小，实在不是很好按对吧？这种情况下，就可以像图3-13一样，同时按"Ctrl"加"Page Down"或"Page Up"键。按"Ctrl"＋"Page Down"键，可以移动到右边的工作表。按"Ctrl"＋"Page Up"键，可以移动到左边的工作表。

### 图3-13 | 在工作表之间移动的快捷键

按"Ctrl"＋"Page Up"键，可以移动到左边的工作表　按"Ctrl"＋"Page Down"键，可以移动到右边的工作表

工作表1　工作表2　工作表3　工作表4　工作表5　⊕

## | 7 | 插入栏或行的快捷键（[ Ctrl ] + [ + ]）

在制作表格的过程中，有时也会碰到需要插入栏或行的情况。此时，虽然可以在需要插入栏或行的栏名（行号）上右键单击，再选择"插入"功能，但还有另一种方法是像图3-14一样，同时按

### | 图3-14 | 插入行（栏）的快捷键

| | A B C | D | E | F | G | H | I |
|---|---|---|---|---|---|---|---|
| 1 | | | | | | | |
| 2 | 收益计划 | | | | | | |
| 3 | | | | 第1年 | 第2年 | 第3年 | |
| 4 | 销货收入 | 元 | | 800,000 | 1,040,000 | 1,352,000 | |
| 5 | 销货数量 | 个 | | 1,000 | 1,300 | 1,690 | |
| 6 | 增长率 | % | | N/A | 30% | 30% | |
| 7 | 单价 | 元 | | 800 | 800 | 800 | |
| 8 | 费用 | 元 | | 300,000 | 500,000 | 700,000 | |
| 9 | 薪资支出 | 元 | | 200,000 | 400,000 | 600,000 | |
| 10 | 员工人数 | 人 | | 1 | 2 | 3 | |
| 11 | 平均薪资支出 | 元 | | 200,000 | 200,000 | 200,000 | |
| 12 | 租金 | 元 | | 100,000 | 100,000 | 100,000 | |
| 13 | 营业净利 | 元 | | 500,000 | 540,000 | 652,000 | |

插入

? X

插入

○ 现有单元格右移(I)
○ 现有单元格下移(D)
◉ 整行(R)
○ 整栏(C)

确定　取消

① 点选想要在上方插入行的单元格后，按"Ctrl"+"+"。

② 按"R"键后再按"确定"，即可插入行。

"Ctrl"和"＋"键，弹出"插入"的对话框。在"插入"的对话框中选择"整行"即可插入行，选择"整栏"即可插入栏。如要选择"整行"请按"R"键，要选择"整栏"请按"C"键。最后按下"确定"，即可插入行或栏。顺带一提，选择"整行"时的"R"是"Row"（行）的缩写，选择"整栏"时的"C"则是"Column"（栏）的缩写。

## 8 | 移动到其他工作表前导参照的快捷键（［Ctrl］＋［上引号］）

在计算检查的单元也说明过，参照其他工作表的数字时，必须严格确认前导参照的来源。此时，可以按"Ctr"＋"上引号"键移动到前导参照的单元格，确认所参照的单元格是否正确。

以图3-15为例，点选第一年销售数量的单元格"D5"后，按"Ctrl"＋"上引号"键，即可直接移动到前导参照"销售数量"工作表的单元格"F8"，这也可应用在后述的追踪快捷键上。

## 图3-15 | 移动到前导参照单元格的快捷键

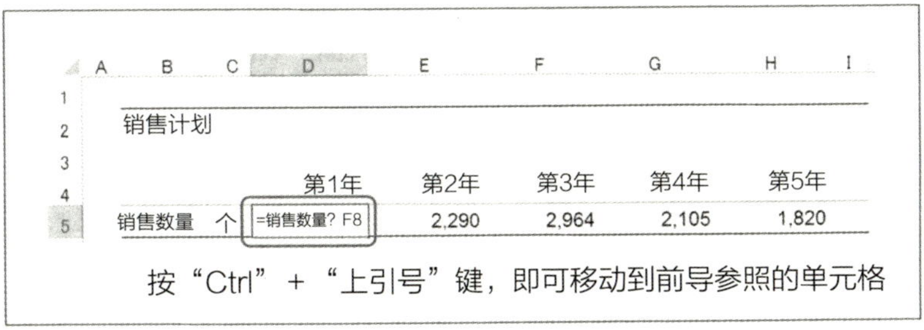

按"Ctrl"＋"上引号"键，即可移动到前导参照的单元格

专 栏　**必背的快捷键有多少？**

　　在学习Excel的讲座上，经常有人会问："快捷键大概要背多少组才够呢？""有没有哪本书或哪个网站汇总了所有必背的快捷键呢？"遇到这种问题，我都会回答："不需要像无头苍蝇般猛记快捷键，等到工作上有需要的时候，再去查询即可。"

　　Excel有各种使用方式，用Excel完成的工作也因人而异。而依据作业的内容不同，必须使用的快捷键也不同。比方说，在进行财务会计分析的时候，和分析大量数据的时候，两种分析的作业内容不同，必须使用的快捷键也不同。因此，并没有什么快捷键是"必背的快捷键"。操作时请配合各自的业务内容，筛选自己需要的快捷键。

　　本书介绍的快捷键，基本上通用于各种业务范围，所以不妨先把这些快捷键记起来吧。其余的快捷键，我认为等各位日后碰到"好像一直在重复同样的作业，或许该学一下快捷键"的情况时，再上网搜搜即可。因为工作上用不到的快捷键，即使背得再多也没有意义。

　　同理，函数也是一样。我们常常会看到一些书籍或报道，标题是"不可不知的Excel函数"，但每个人会使用到的函数皆因作业内容而异，所以等到需要用到的时候再学习即可。

# 4. 懂得运用［Alt］键，就懂得运用Excel

　　接下来要介绍的是搭配"Alt"键使用的快捷键，不过在此先说明一下"Alt"键的使用方法。"Alt"键是比"Ctrl"键更频繁使用到的按键。如果各位能够熟习"Alt"键功能的话，相信一定能够大幅减少鼠标的操作。

　　首先，再次确认一下"Alt"键的位置吧。如图3-16所示，"Alt"键位于键盘的左下方。

　　搭配"Ctrl"使用的快捷键，通常都是同时按住"Ctrl"和其他按键，不过搭配"Alt"使用的快捷键，却很少需要同时按其他按键，而是像"Alt""H""H"这样依序完成操作。

图3-16 "Alt"键位于键盘的左下方

## 1 [ Alt ] 键是功能区的快捷键

现在，请像图3-17一样，按按看"Alt"键吧。按下去之后会看到，在"常用""插入"等索引标签处，出现了"H""N"等英文字母。这些英文字母代表的是打开那些功能区所需按的按键。

举例来说，"常用"的索引标签处显示的是"H"，所以就按按看"H"键。按下去之后，就会像图3-18一样，打开"常用"的功能区，而且每个功能旁边都会显示出对应的按键。

接下来，如果想把单元格填上背景色彩的话，就单击"填满色彩"按钮旁显示的"H"键。

## 图3-17 │ 试着按按看"Alt"键吧

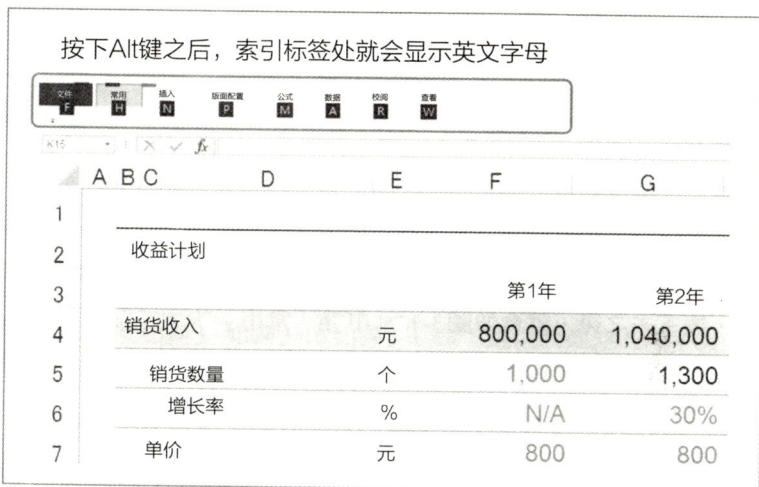

按下Alt键之后，索引标签处就会显示英文字母

| | A B C | D | E | F | G |
|---|---|---|---|---|---|
| 1 | | | | | |
| 2 | 收益计划 | | | | |
| 3 | | | | 第1年 | 第2年 |
| 4 | 销货收入 | 元 | | 800,000 | 1,040,000 |
| 5 | 销货数量 | 个 | | 1,000 | 1,300 |
| 6 | 增长率 | % | | N/A | 30% |
| 7 | 单价 | 元 | | 800 | 800 |

## 图3-18 │ 进入索引标签内的工作区

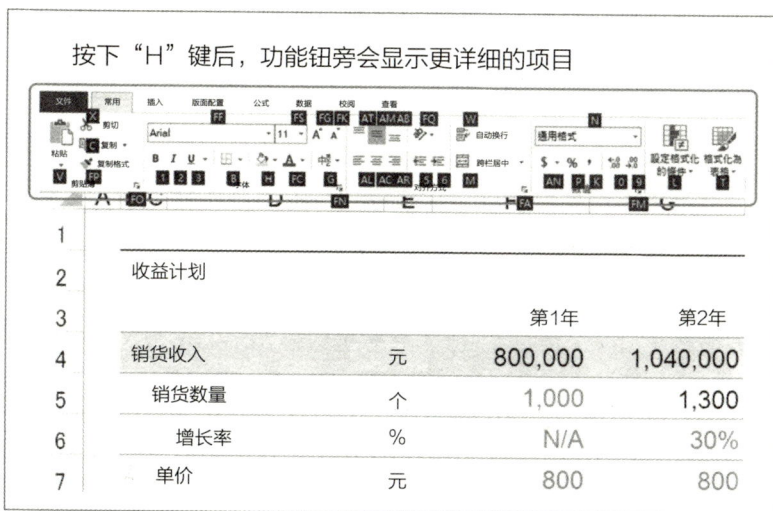

按下"H"键后，功能钮旁会显示更详细的项目

| | A | B | C | D | E | F | G |
|---|---|---|---|---|---|---|---|
| 1 | | | | | | | |
| 2 | | 收益计划 | | | | | |
| 3 | | | | | 第1年 | | 第2年 |
| 4 | | 销货收入 | | 元 | | 800,000 | 1,040,000 |
| 5 | | 销货数量 | | 个 | | 1,000 | 1,300 |
| 6 | | 增长率 | | % | | N/A | 30% |
| 7 | | 单价 | | 元 | | 800 | 800 |

按下去之后，就会出现图3-19中的色彩选单，接着用箭头键选择想选的颜色后，再按"Enter"键。这样就完成背景色彩的设定了。比起用鼠标点"常用"，再选"填满色彩"的"▼"等操作，用"Alt""H""H"设定背景色彩显然快速多了。

**图3-19** **再进入下个步骤**

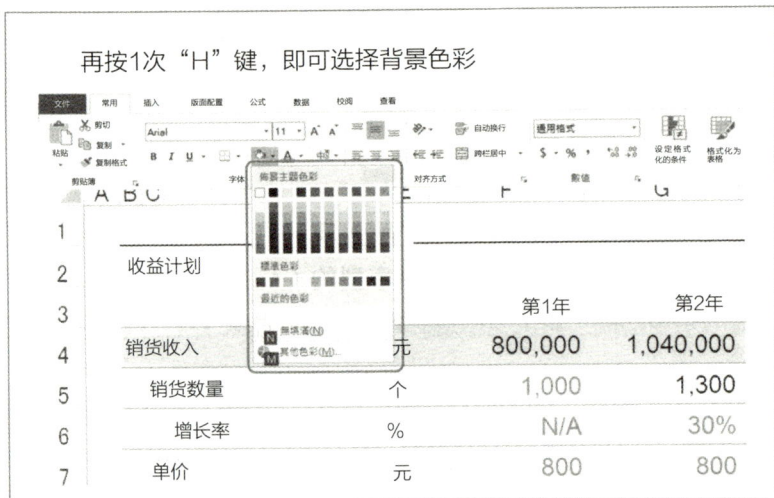

再按1次"H"键，即可选择背景色彩

只要像这样按下"Alt"键，页面上就会依序出现提示，告诉我们接下来该按哪个键，才能完成操作。这个功能就叫作"按键提示"，能够显示按键提示就是"Alt"键的方便之处。和"Ctrl"键不同的是，搭配"Alt"的快捷键记不住按键组合也没关系。因为只要先按"Alt"再按"H"，然后根据所显示的英文数字按下目的按键即可。在反复操作的过程中，自然而然会记住哪些功能该按哪个键，因此也不需要勉强记忆。

## 2 | 与格式相关的［Alt］快捷键

在搭配"Alt"键使用的快捷键中，我希望各位至少把以下三组与格式有关的快捷键熟记起来。

分别是变更背景色彩的"Alt""H""H"，变更文字色彩的"Alt""H""F""C"和变更字体的"Alt""H""F""F"。其他虽然还有很多功能，但请至少把这三组快捷键记起来。

**图3-20 | 活用Alt键美化表格的快捷键**

| | | | | |
|---|---|---|---|---|
| 变更背景色彩 | Alt | H | H | |
| 变更文字色彩 | Alt | H | F | C |
| 变更字体 | Alt | H | F | F |

## 3 | 靠右对齐的快捷键（［Alt］［H］［A］［R］）

第一章曾介绍文字靠左对齐、数字靠右对齐的原则，而单元格中的文字或数字配置，同样可以使用"Alt"键来完成。靠右对齐是"Alt""H""A""R"，靠左对齐是"Alt""H""A""L"。请用联想的方式记忆，靠右对齐就是"Right"的"R"，靠左对齐就是"Left"的"L"。

**靠右对齐的快捷键**

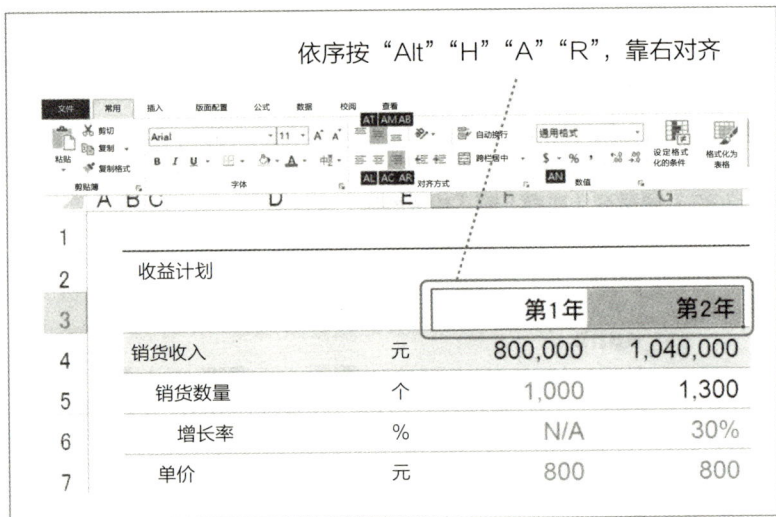

依序按"Alt""H""A""R"，靠右对齐

| | 第1年 | 第2年 |
|---|---|---|
| 收益计划 | | |
| 销货收入　元 | 800,000 | 1,040,000 |
| 销货数量　个 | 1,000 | 1,300 |
| 增长率　％ | N/A | 30% |
| 单价　元 | 800 | 800 |

## 4 | 组成群组的快捷键（[ Shift ] + [ Alt ] + [ → ]）

想把不需要显示的单元格隐藏起来时，可以使用组成群组的功能，快捷键是先点选欲隐藏的行（栏）的行号（栏名），然后同时按住"Shift"和"Alt"，再按下箭头键的"→"。此处要注意的是必须同时按住"Alt"键。如欲取消群组时，则先点选群组化的行（栏）的行号（栏名），再按"Shift"+"Alt"+"←"。

同样的操作方式，也可以先点选单元格，再把行或栏组成群组或取消群组。如图3-22所示，当页面上跳出"组成群组"的对话框后，如果要组成群组的是行就按"R"，栏就按"C"，然后再按"Enter"键即可。

## 图3-22 | 隐藏行（栏）的"组成群组"快捷键

| | A B C | D | E | F | G | H | I |
|---|---|---|---|---|---|---|---|
| 1 | | | | | | | |
| 2 | 收益计划 | | | | | | |
| 3 | | | | 第1年 | 第2年 | 第3年 | |
| 4 | 销货收入 | 元 | | 800,000 | 1,040,000 | 1,352,000 | |
| 5 | 销货数量 | 个 | | 1,000 | 1,300 | 1,690 | |
| 6 | 增长率 | % | | N/A | 30% | 30% | |
| 7 | 单价 | 元 | | 800 | 800 | 800 | |
| 8 | 费用 | 元 | | 300,000 | 500,000 | 700,000 | |
| 9 | 薪资支出 | 元 | | 200,000 | 400,000 | 600,000 | |
| 10 | 员工人数 | 人 | | 1 | 2 | 3 | |
| 11 | 平均薪资支出 | 元 | | 200,000 | 200,000 | 200,000 | |
| 12 | 租金 | 元 | | 100,000 | 100,000 | 100,000 | |
| 13 | 营业净利 | 元 | | 500,000 | 540,000 | 652,000 | |

组成群组

组成群组

◉ 行(R)
○ 栏(C)

确定　取消

① 点选要组成群组的单元格后，按"Shift"＋"Alt"＋"→"

② 按"R"键后，按"Enter"

③ 完成群组化

## 5 | 追踪的快捷键

检查算式的前导参照或从属参照时，可以使用追踪的功能。追踪的操作方式已在第二章详细说明，不过因为这个功能很常用到，所以这里再复习一次吧。

追踪前导参照的快捷键是"Alt""M""P"，追踪从属参照是"Alt""M""D"，移除箭头是"Alt""M""A""A"。这三组快捷键非常重要，请务必牢记在心。检查时，记得用快捷键迅速弹出这个功能，好提高计算的准确度。

图3-23 | **追踪的快捷键**

| 追踪前导参照 | Alt | M | P | |
| 追踪从属参照 | Alt | M | D | |
| 移除箭头 | Alt | M | A | A |

## 6 | 折线图的快捷键（［Alt］［N］［N］）

如同在第二章提到的，运用折线图来检查数字的推移，比较容易发现错误。而此处的折线图，也可以用快捷键来完成。

如图3-24所示，先把要观察数字推移的单元格选起来，接着依序按"Alt""N""N"键，最后再按"Enter"键。如此一来，即可用绘制出来的折线图，确认数字的变动。

**图3-24** **折线图的快捷键**

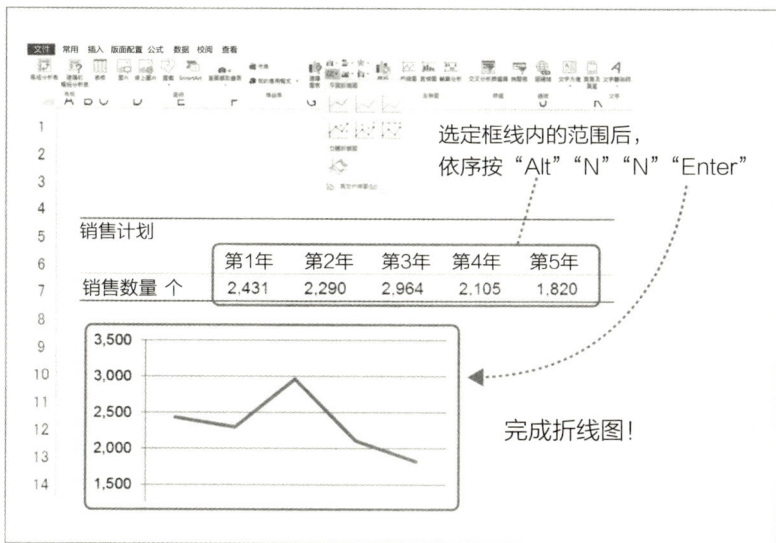

7 **[复制格式]的快捷键（[Alt][H][V][S]）**

说到最常使用的快捷键，我想应该就属"复制粘贴"的"Ctrl"＋"C"和"Ctrl"＋"V"了，不过复制粘贴其实也有很多种类型。复制的数据不仅可以直接粘贴，还可以选择粘贴的形式。这是使用相当频繁的功能。

假设现在刚设定完图3-25中"销货收入"行的背景色，接下来要让"费用"行也套用和"销货收入"相同的背景色。此时，如果把"销货收入"的范围复制起来，直接粘贴在"费用"的范围，就会连算式一起粘贴，导致整行的数字都被改掉。因此，如果只想把背景色等格式复制到"费用"行的话，就必须使用"复制格式"的功能。

不过要如何使用快捷键复制格式呢？首先，在"销货收入"行上点选完成背景色设定的单元格，然后按"Ctrl"＋"C"键复制。接着选取"费用"行上欲粘贴格式的范围，依序按下"Alt""H""V""S"键。如此一来，页面上就会跳出"选择性粘贴"的对话框。其中有一个选项是"格式（T）"，于是按下"T"键选择"格式"，然后按"Enter"。这样就可以只复制"销货收入"的格式到"费用"行上了。

用这种方式选择性粘贴的情况所在多有，有时是只复制算式而不复制格式，有时是只复制数字而不复制算式，通常碰到这种情况，只要依序按"Alt""H""V""S"，弹出"选择性粘贴"的对话框，就可以选择要以什么形式粘贴。

此外，当然也可以不经由"选择性粘贴"的对话框，而是直接选择粘贴的方式。例如，只粘贴格式的话，就是"Alt"

## 图3-25 │ 只复制格式的快捷键

| | A B C | D | E | F | G | H | I |
|---|---|---|---|---|---|---|---|
| 1 | | | | | | | |
| 2 | 收益计划 | | | | | | |
| 3 | | | | 第1年 | 第2年 | 第3年 | |
| 4 | 销货收入 | 元 | | 800,000 | 1,040,000 | 1,352,000 | |
| 5 | 销货数量 | 个 | | 1,000 | 1,300 | 1,690 | |
| 6 | 增长率 | % | | N/A | 30% | 30% | |
| 7 | 单价 | 元 | | 800 | 800 | 800 | |
| 8 | 费用 | 元 | | 300,000 | 500,000 | 700,000 | |
| 9 | 薪资支出 | 元 | | 200,000 | 400,000 | 600,000 | |
| 10 | 员工人数 | 人 | | 1 | 2 | 3 | |
| 11 | 平均薪资支出 | 元 | | 200,000 | 200,000 | 200,000 | |
| 12 | 租金 | 元 | | 100,000 | 100,000 | 100,000 | |
| 13 | 营业净利 | 元 | | 500,000 | 540,000 | 652,000 | |

① 选取并复制销货收入行。
② 选取费用行，依序按"Alt""H""V""S"。

**选择性粘贴**

粘贴
- 全部(A)
- 公式(F)
- 值(V)
- ● 格式(T)
- 批注(C)
- 验证(N)
- 全部使用来源主题(H)
- 框线以外的全部项目(X)
- 栏宽度(W)
- 公式与数字格式(R)
- 值与数字格式(U)
- 所有合并中条件化格式(G)

运算
- ● 无(O)
- 加(D)
- 减(S)
- 乘(M)
- 除(I)

☐ 略过空格(B)    ☐ 转置(E)

粘贴连接(L)    确定    取消

③ 选择格式"T"后，按"Enter"。
④ 费用行上复制了销货收入的格式。

"H""V""R"；只粘贴算式的话，就是"Alt""H""V""F"。只
要按到"Alt""H""V"的阶段，就会显示出与各种粘贴方式对应
的按键，因此刚开始还不熟悉时，可以一边看着按键提示，一边
确认粘贴的形式，再按下所需的功能即可。

---

**专栏**　　**Mac的Excel**

本书是以Windows版的Excel为前提进行解说。Windows
和Mac的Excel，最大的差别就是快捷键。

第一章和第二章说明的格式或计算检查等内容，几乎可以
全部适用于Mac。不过Mac的Excel快捷键却与Windows相差
甚远，甚至有些功能还没有快捷键。考虑到这一点，若目的是
使用Excel的话，我认为操作系统还是选择Windows比较好。
附带一提，投资银行的人全都使用Windows。

---

## 8 | 储存文件和关闭文件的快捷键

储存文件或关闭文件也可以利用快捷键来完成。

第二章曾提到，存档时一定要"另存新文件"，不过"另存新
文件"的对话框，也可以用"Alt""F""A"键来打开。或者是按

"F12" 键也有同样的功能。请依据个人使用习惯，记住操作上较为顺手的方法吧。

储存文件的快捷键是"Ctrl"＋"S"。虽然基本上建议以另存新文件为主，但如果是很简单的计算的话，用储存文件的方式覆盖旧文件也没关系。

关闭文件的快捷键有两种类型。关闭单一的Excel文件可使用"Ctrl"＋"W"键。

如果同时开启多个Excel文件，想要一次关闭时，可按"Alt""F""X"。如此一来，即可关闭所有文件，并结束Excel的运作。

**图3-26 | 储存文件和关闭文件的快捷键**

| | | | |
|---|---|---|---|
| 另存新文件 | Alt | F | A（或F12） |
| 储存文件 | Ctrl＋S | | |
| 关闭一个Excel文件 | Ctrl＋W | | |
| 关闭所有Excel文件 | Alt | F | X（或Alt＋F4） |

# 5. 其他加快处理速度的方法

除了"Ctrl"和"Alt"键之外，再介绍一些可以提升速度的方法吧。

在键盘的最上方，有一排从"F1""F2"到"F12"的按键。这些按键各有其使用方式，不过我建议先记住"F2"和"F4"的功能。

第二章也曾提到，"F2"可用在检查算式的时候。点选单元格后，单击"F2"键，就可以显示单元格内的算式，颜色也会变得和前导参照单元格一样，这样便很容易确认算式的正确性。"F2"键可以让单元格变成可编辑的状态，所以不仅能够用来检查算式，想要变更算式或修正文字的时候，也都可以利用"F2"来进行变更或修正。

另一个按键"F4"，是重复相同操作时使用的键。请见图3-28。假设现在刚替"销货收入"行填上背景色，接下来打算在"费用"和"营业净利"行填上相同的颜色。此时，若先选择范围再选择背景色，实在是有点麻烦。

## 图3-27 | 让F2键和F4键也成为你作业上的利器

| | |
|---|---|
| 确认单元格的内容 | F2键 |
| 重复相同的作业 | F4键 |

## 图3-28 | 适时运用F4键，即可轻松完成重复的作业

| | | | 第1年 | 第2年 | 第3年 |
|---|---|---|---|---|---|
| 1 | | | | | |
| 2 | 收益计划 | | | | |
| 3 | | | 第1年 | 第2年 | 第3年 |
| 4 | 销货收入 | 元 | 800,000 | 1,040,000 | 1,352,000 |
| 5 | 销货数量 | 个 | 1,000 | 1,300 | 1,690 |
| 6 | 增长率 | % | N/A | 30% | 30% |
| 7 | 单价 | 元 | 800 | 800 | 800 |
| 8 | 费用 | 元 | 300,000 | 500,000 | 700,000 |
| 9 | 薪资支出 | 元 | 200,000 | 400,000 | 600,000 |
| 10 | 员工人数 | 人 | 1 | 2 | 3 |
| 11 | 平均薪资支出 | 元 | 200,000 | 200,000 | 200,000 |
| 12 | 租金 | 元 | 100,000 | 100,000 | 100,000 |
| 13 | 营业净利 | 元 | 500,000 | 540,000 | 652,000 |

① 变更销货收入的背景色。
② 选取费用行，按下F4键，即可变更费用行的背景色。

碰到这种情况时，就可以在设定完"销货收入"的背景色后，直接选取"费用"的范围，并按下"F4"键，即可填上相同的背景色。接下来，再选取"营业净利"的范围，然后再按下"F4"键，同样可以填上相同的背景色。由此可知，"F4"是重复作业中提高效率必不可缺的按键。

另外，"F4"键也有切换相对引用和绝对参照的功能。当单元格中显示光标时，按"F4"键会切换参照的类型，因此如果要使用"F4"键来重复相同的作业，请务必确认单元格中是否有显示光标。

## 1 │ 表格的缩放（［Ctrl］+鼠标滚轮）

Excel表格如果太大的话，阅读起来很不容易。于是为了浏览整张表格，有时会需要把页面缩小；为了方便修正计算内容，有时又需要把页面放大。缩放页面虽然也有快捷键，但比起键盘操作，用鼠标操作的速度更快。

大部分的鼠标都像图3-29一样，在左右键的中间有一个滚轮。缩放页面时，就可以使用"Ctrl"键来搭配这个滚轮。在按住"Ctrl"键的同时，把滚轮向前滚，即可放大页面；在按住"Ctrl"键的同时，把滚轮向后滚，即可缩小页面。

此外，后文中也会提到，在制作Excel表格时，建议使用尺寸较大的屏幕。因为尺寸大的屏幕，一眼就可以看见细部的计算，也可以省下缩放Excel的工夫，让作业的过程更轻松。

## 图3-29 | 鼠标滚轮非常方便

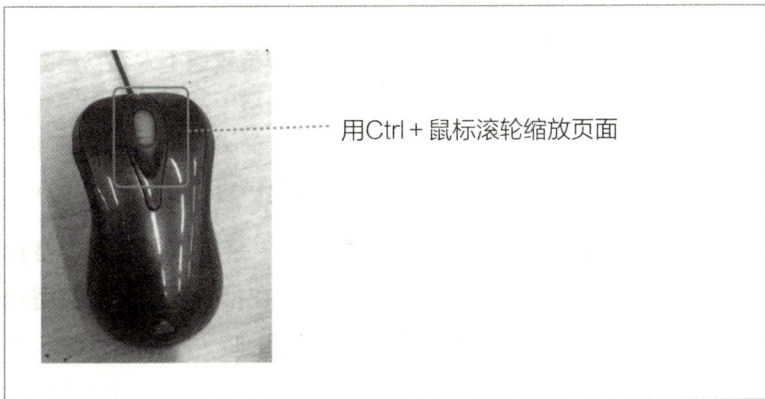

用Ctrl＋鼠标滚轮缩放页面

## 2 | 硬件环境

我都在像图3-30的硬件环境中进行Excel作业。

虽然使用笔记本电脑的人也很多，但笔记本电脑需要外接各种配件，打造出像桌面计算机般的环境，才能够提升作业速度。我平常也是用笔记本电脑工作，不过我还外接了键盘、屏幕和鼠标等硬件。

图3-30 | **桌上作业时，用大屏幕配大键盘！**

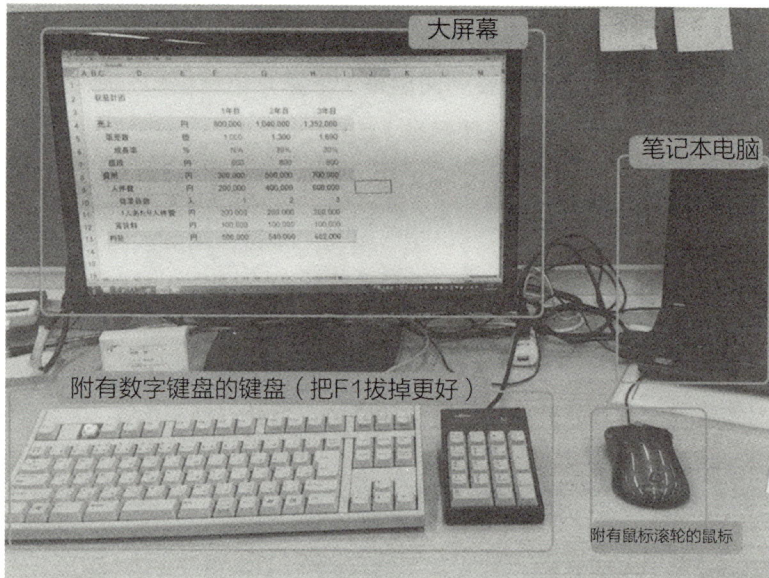

首先是键盘，笔记本电脑的键盘布局因制造商而异，甚至有些笔记本电脑的"Page Up"和"Page Down"等按键位置不太容易辨识。此外，由于按键本身也比较小，因此最好能够像桌面计算机一样，外接一组有数字键盘的键盘。

屏幕部分也选择了尺寸较大的外接屏幕，而且最近价格有越来越便宜的趋势，所以我认为不妨考虑添购。附带一提，投资银行内部都使用两台大屏幕。如果要把Excel表格贴在Power Point上的话，还会一台开着Excel，一台开着Power Point，再把表格复制粘贴。这样一来，就可以省去切换页面的时间，还可以检查Excel表格被复制粘贴后的状态。

把这些硬件全部接上笔记本电脑后，即可打造出跟桌面计算机相差无几的作业环境。外出时只要带上笔记本电脑，就不必担心没带文件，而且到达定点后也可以继续作业。

## 3 | 与打印相关的快捷键

虽然第一章和第二章并未说明，但Excel的表格也常常需要打印出来，因此下面将介绍几组和打印有关的快捷键。

首先，打印的快捷键是"Ctrl"＋"P"。在想要打印的工作表的页面上，同时按下"Ctrl"和"P"键，即可弹出打印的对话框。接着再按"Enter"键，即可开始打印。

有时也会碰到只需要打印特定范围，而不需要全部打印的情况。这个时候，可先选取欲打印的部分，再依序按"Alt""P""R""S"。这样一来，就可以把打印区域限制在选取的部分，决定好范围后再执行打印功能，即可打印出特定的范围。

另外，想要更改设定的时候，例如把打印内容集中在同一页，或是把A4改成A3，此时只要按"Alt""P""S""P"，就可以弹出版面设定的对话框了。

**图3-31** **打印的快捷键**

| 打印 | Ctrl+P | | | |
|---|---|---|---|---|
| 指定打印区域 | Alt | P | R | S |
| 设定打印页面 | Alt | P | S | P |

# 6. 增加使用Excel的机会

接下来要探讨的重点是，为了提升Excel的计算速度，我们如何增加Excel的作业量。

第二章也曾提到，由于Excel的作业很容易越做越复杂，因此尽量把作业都交给同一个人完成，会是比较有效率的做法。因为多人使用同一个Excel文件，很容易搞不清楚谁改了什么地方。所以为了增加使用Excel的机会，担任Excel的负责人是最有效的方式。我希望各位能够积极争取担任负责人的机会。

在专为大学生举办的Excel讲座中，我向来都会建议学生："进入社会以后，请成为负责用Excel计算数字的人。"

许多大学生都期望"进入社会以后，想投入到新产品和新服务的企划工作中"，但刚从大学毕业的新人，即使提出新产品和新服务的企划案，也很难说服公司采纳。很有可能才刚说完"这项新产品和新服务能够取悦很多使用者",就被经验丰富的上司以一句"年轻人懂什么"驳回。

图3-32 **提升Excel作业速度的要诀**

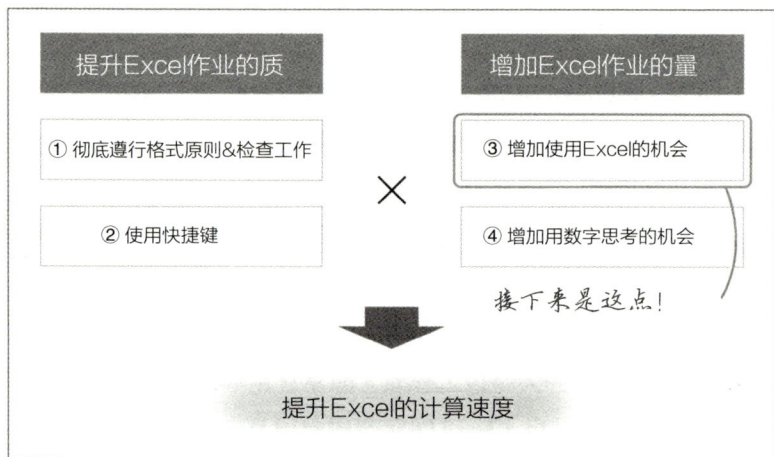

提升Excel作业的质　　　　　　增加Excel作业的量

① 彻底遵行格式原则&检查工作　　　③ 增加使用Excel的机会

× 

② 使用快捷键　　　　　　　　　　④ 增加用数字思考的机会

接下来是这点！

提升Excel的计算速度

然而，数字这种东西却很公平，即使本身缺乏经验，但光是在企划中带入数字就能平添许多说服力。举例来说，若能提出"通过这项企划案，一年可以取得3,000万元的净利，最坏的情况也顶多亏损200万元而已"，应该就能替该企划案增加不少说服力吧。我认为越是缺乏经验的年轻人，越应该把握这种用数字替自己说话的机会。

增加使用Excel的机会还有一个方法，就是不要使用计算器。

即使是很简单的计算，也请养成用Excel而非计算器的习惯，好借此精进使用Excel的技巧。

我会建议不要使用计算器，其实还有别的理由。一是因为计算器无法清楚显示计算的过程，万一中间算错了，也不容易发现。Excel因为可以看见计算过程，所以就算中间算错了也比较容易发现，同时也能在事后变更计算的条件。

相对于此，计算器的计算只有本人看得见。如果是Excel的话，只要把操作用的计算机连接到会议室的屏幕上，就能投影给团队全员看。而且尽量公开计算的过程，也比较容易针对数字进行讨论。

如果想要使用Excel，但工作上很少有机会的话，或许在公司内部举办Excel读书会也是一个不错的方法。我在举办企业训练课程时，大部分的时候都会安排两天的行程。第一天全部用来进行Excel研习，学习基本的知识和技术。然后隔一到两周后，再在第二天的训练课程上，让参加者各自决定目标企业，用Excel仿真该企业未来的销货收入、费用和净利，并在最后向团队成员发表结果。目标企业并无任何限制，可以是自己有兴趣的企业，也可以是自己所在的公司。

在过去举办的讲座中，我也曾以"世界杯的收益预测"为题目。毕竟有很多人对Excel十分排斥，所以设定有趣一点的题目，能够提高参加者的兴致。

很多人会对Excel心生排斥，都是因为不曾按部就班地完成一份Excel文件。因此，讲座的第一天都会安排Excel学习，并且让学员在印象最深刻的时候独自完成Excel。学员经由这样的过程，发现："原来我也可以很好地完成Excel文件啊！"从而便可产生信心。

此外，Excel读书会也是一个很好的机会，可以观摩团队成员制作的Excel。看看其他人做的Excel，对自己非常有帮助。虽然每个人在做Excel时可能会有不同的习惯，但互相查看对方的Excel也是一个矫正坏习惯的机会。

举办完讲座或读书会后，我常听到像这样的评价："团队的格式统一以后，看其他人做的Excel也不再那么有压力了。"或是："Excel变得容易阅读后，因为看得懂哪些部分在计算什么，所以现在很快就能进入内容（分析结果等）的讨论。"

"在公司内部贯彻Excel基本原则很重要"，若团队全员能够达成这样的共识，自然而然会产生要坚守这项原则的意识。如此一来，团队整体的Excel水平便可大幅提升。

**专栏** **投资银行的工作量到底有多少？**

　　本章的主题虽然是"增加使用Excel的机会"，不过我在这里要提一下投资银行的工作量。在某场专为大学生举办的Excel讲座上，曾经有参加者问我："外商投资银行的工作量大概有多少呢？"由于繁忙的程度取决于是否有企业并购案等业务，因此不能一概而论，不过即使如此，我想应该还是可以归类为相当忙碌的行业。

　　以我为例，我当时每天都工作到深夜一点左右。在我的记忆中，如果每天都工作到凌晨三点的话，就会觉得："最近还真忙"；反之，如果在深夜十二点左右离开办公室的话，就会感受到周围不断投射"那家伙最近很闲吗"的视线过来。

　　另外，我还记得刚进公司的第一年，除了元旦以外，我每天都到公司报到，连周末也不例外。除夕那天也工作到深夜（令人吃惊的是，除了我以外还有几个人也在办公室加班）。由于平常总是工作到深夜，因此根本没时间在家看电视。除夕那天深夜回到家，打开电视后，电视上正在播放搞笑节目，但我完全不认识那个搞笑艺人，所以我到了除夕才知道："原来今年受欢迎的是这样的艺人啊。"这就是我在投资银行工作的第一年。

　　我听说在雷曼事件后，工作已经比以前轻松许多了，不过我想应该还是很忙吧。然后由于那份工作必须花很多时间在Excel的作业上，因此能够记住多少Excel快捷键来提升作业速度，将大幅影响睡眠时间，所以大家才都拼死拼活地想要记住快捷键。

**增加用数字思考的机会**

　　Excel是计算数字的工具。经常计算数字的企业或团队，一定有很多机会使用Excel，Excel的能力当然也会提升。所以如果想增加团队用Excel计算的机会，就必须整个团队都很重视数字。

　　所谓重视数字，就是在各种工作场合上活用数字。比方说，把团队的目标数值化为"本期目标是销货收入达到1,500万元"等。

　　若能像这样有一个简单明确的目标，在考虑团队整体施策时，应该就会自然而然地讨论："这项施策可以让我们与销货收入1,500万元的目标，缩短多少距离呢？"

　　另外，在人事考核上也可以积极地使用数字。应该有不少公司是每半年或一年进行一次绩效考核吧？考核时，如果能在"×××想出了新的企划，还参与了执行的工作"之外，再加上"最后创造了××元的销货收入"，把"用数字衡量的贡献度"化为团队的目标，不仅能让公司内部的考核变得公平，也能大幅增加团队使用Excel的机会。

当然，无法用数字衡量的情况也不在少数。不过，如果不有意识地把成果化为数字，整个团队就会与数字渐行渐远。即使难以用数字衡量，也应该具备尽可能去尝试的精神。

**图3-33　提升Excel作业速度的要诀**

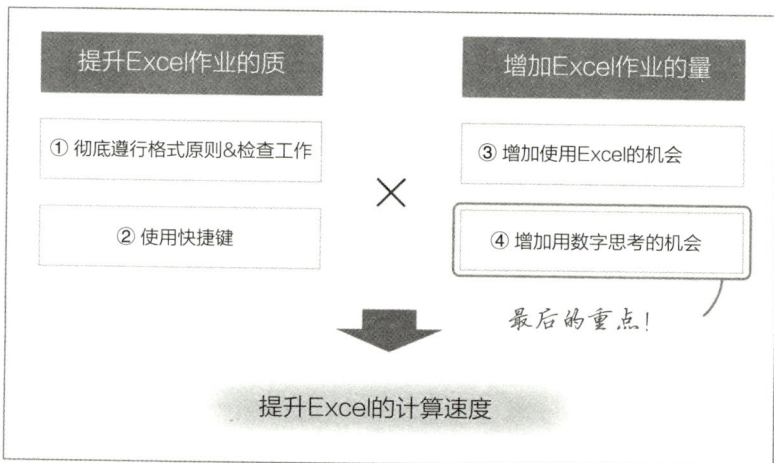

提升Excel作业的质　　　增加Excel作业的量

① 彻底遵行格式原则&检查工作　　　③ 增加使用Excel的机会

② 使用快捷键　　　④ 增加用数字思考的机会

最后的重点！

提升Excel的计算速度

**专栏　我面试高盛失败的理由**

本章的主题是用数字思考的机会，而有很多这种机会的投资银行在面试大学毕业生时，会出一种叫作"费米推论法"的题目，目的是希望面试者用概算的方式计算出难以实际测量的数值。举例来说，"全日本共有多少个加油站"就是其一。

我在接受投资银行名门高盛证券（GS）面试时，面试官问："你认为全日本共有多少个加油站？"由于当时我已做足充分准备，因此回答得相当流畅。问题是之后的事。

GS："……那面试就告一段落了。最后，你有什么想问的问题吗？"

此时，莫名其妙想展现幽默感的毛头小子如我（当时还是大学生），竟然这样开口了："请问……贵公司以加油站（Gas Station）为面试的题目……是因为贵公司的英文缩写同样是GS吗？"

在一瞬间的沉默后，GS的人回答："哈哈哈，有可能！挺有意思的嘛！"但眼里却不含半点笑意。

然后，我的这场面试最后以失败告终，祸从口出就是这么回事。在此我想郑重地向想求职或想换工作的人呼吁，拜托请不要在面试时试图展现幽默，却弄巧成拙！

# 第 4 章　利用 Excel 增强数字力

## 准确预测"未来能赚多少钱"

Excel Excel Excel Excel Excel Excel Excel Excel Excel Excel Excel Excel Excel Excel Ex

## 1. 收益的模拟为何重要？

　　到目前为止，我们已经介绍了使用Excel的基本原则和方法，可以有效地运用在各种商业现场。接下来在第四章当中，将介绍的是如何运用这些技巧，简单地完成基本的收益模拟（此处同样不会使用到宏或函数）。以下将开始说明具体的商业模拟如何进行，包括先分析收益结构，并区分成销货收入增长和维持现状等类型后，再用Excel进行收益模拟的方法，以及复数条件改动下，观察收益如何变动的方法等。

　　提高利润是企业生存的必要条件。而商务人士工作的最终目的，就是创造利润，因此作为计算利润的工具，当然有必要学会如何使用Excel。

　　近几年来，商业环境渐趋复杂，预测收益的重要性日益提升。懂得在用Excel模拟收益之余，把各种经营环境纳入考虑，说是商务人士的必备能力也不为过。

试着比较一下不懂模拟收益的人和懂得模拟收益的人怎么说话，就可以感受到其重要性了。图4-1中两人的发言，你认为哪一边比较有说服力呢？

**图4-1** | **通过模拟，提升商业决策力**

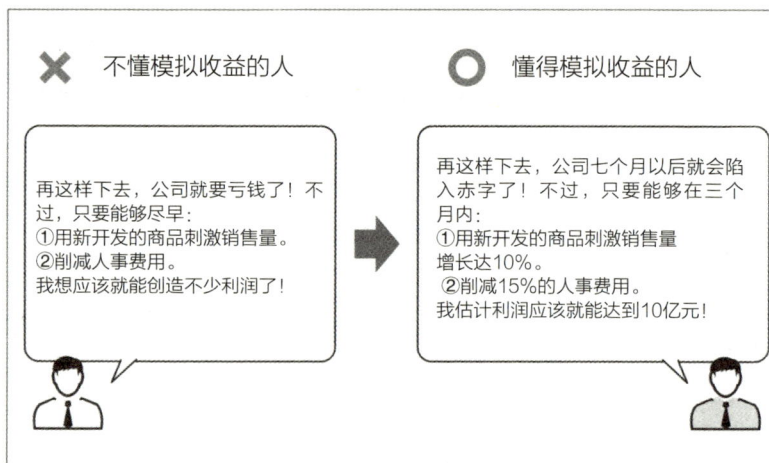

右边那个懂得模拟收益的人，在发言中提出很多具体的数字，听起来较具说服力，对吧？

团队提出各种企划案或是改善作业流程时，计算该方案会对利润造成多少影响是很重要的事。因为唯有严格计算出各企划案或改善方案所带来的利润，团队才能够决定事情的优先顺序，判断该从哪里开始。

**图4-2 模拟出对利润的影响后，才能够决定优先顺序**

| 业务战略（案） | 预期效果 | 利润影响 |
|---|---|---|
| 增聘业务员 | 新客户增加10%～30% | 300万～1,000万元 |
| 现有客户的售后服务 | 回客率提升20% | 700万元 |
| 网络广告 | 新客户增加10%、广告费增加5% | 500万元 |
| 整合营业据点 | 年租金减少1,200万元 | 1,200万元 |

优先！

我在企业训练等场合接触过很多商务人士，但很多团队似乎不太擅长判断这一类的优先级。"因为上司命令这么做，所以摆在第一顺位"，这种决定优先级的方式并不合理。我希望各位以建立一个能够严格根据数字进行现场判断的团队为目标，即使上司说以A方案为最优先，但经过数字分析后或许会发现，应该先执行B方案比较好。尤其是身为经营者的人，请务必理解模拟的重要性。

## 1 模拟案例①：汉堡店

学会制作收益模拟的模型后，即可计算某项因素会对利润造成多少影响。

在此想请各位思考一个问题。这是我在进行模拟训练的讲座时，会向所有参加者提出的问题，题目请见图4-3。

**图4-3** | **汉堡店的个案研究**

- 你是一家汉堡店的经营者
- 汉堡店生意很好，下个月的销售量预计比这个月增加10%
- 同时，你也可以提高汉堡的售价，如果售价提高10%的话，预计下个月的销售量，应该会和这个月差不多

好了，接下来要请问你：

① 维持现在的价格，让销售量增加10%
② 售价提高10%，维持现在的销售量
哪个策略才能带来更多利润？

多数参加者都认为①和②的结果一样。他们的理由是：用"售价×销售量"会计算出相同的结果。他们说得虽然没错，但"售价×销售量"得出的结果是销货收入，而不是利润。

金钱概念良好的人，直接就会回答②。为什么呢？因为①和②的销货收入虽然相同，但费用却不一样。在①的情况下，由于销售量增加10%，因此材料费也相对增加10%，所以利润并不会增加那么多。②的情况因为销售量不变，费用也不变，所以售价增加多少，利润也就增加多少。

综上所述，"售价提高10%，比增加10%的销售量，更能够创造利润"。

其实这个问题，是我在投资银行的时候前辈考我的题目。他见我无法立即回答，当场训斥我："身为金融业的专业人士，连这点问题都答不出来，太不像话了！"

话虽如此，现实生活中能够像这样清楚分析数字的人并不多，况且在思考这个问题时，应该也有很多人心想："提高售价说不定会流失客源，而且人潮多一点也比较热闹，所以还是维持原状好了。"

不过，无法掌握原本应得的利润，是企业增长过程中不愿见到的情况。所以，即使只能创造1元的利润，考虑到底采用哪种方案还是很重要。除此之外，确实计算出该方案能够创造多少利润，也就是会对利润造成多少影响，也同样重要。

我在企业训练课程中，经常强调"从利益影响的角度去思考"，因此在进行各种企业收益模拟训练时，我总会提出各式各样的假设。例如，"价格提高10%的话，利润会如何变动？"或是"若平均单价增加1.5倍，使客户数量减少一半，利润会增加还是减少？"等等。

如果一个团队，能够像这样计算出某因素对利润的影响，并根据结果决定方案的优先级，那么这个团队就能称得上数字力非常强的团队。

## 2 | 模拟案例②："我的意大利菜"

在我的模拟训练课程上，通常会拿实际存在的企业作为模拟案例，其中较常用的就是"我的意大利菜"。

"我的意大利菜"是一家立食式的意大利餐厅。便宜好吃是该店的特色，上门的客人总是络绎不绝。该店能够提供便宜又好吃的料理，秘诀就在"立食"。因为必须站着吃，所以客人吃饱喝足，就很快离开店里了，所以该店的翻桌率才会这么高。由于来客数增加，因此即使采取低价策略，依然能够创造利润，这就是该店的商业模式。

听到这里，各位可能会想："原来如此，真是厉害的商业模式。"但光是这样还称不上数字力很强的团队。各位知道我的意大利菜做过多少利润的模拟吗？

这家餐厅的老板本孝先生这样说：

"若翻桌率从4次提高到9次，月营业额将从3,600万日元增加到8,100万日元。平均每月净利将从721万日元增加到1,883万日元。全年净利将有可能达到2亿2596万日元之多。"

此外，在此案例中，即使把料理的成本提高到95%，预估净利还是可达235万日元。由此可知，翻桌率是创造利润的关键。

最重要的是，此战略必须在大量的顾客支持下，从早到晚乃至深夜，无时无刻不高朋满座才有望实现。

怎么样？非常具体对吧。提高翻桌率会对利润造成多少影响，已经明确地提出了模拟的结果。由此可见，每个厉害的商业模式背后，都有支撑其运作的数字。而且书中还写了这么一段话：

"灵光一闪之后，还要懂得把想法化为数字。化为数字的想法与以往常识差距越悬殊，获胜的概率越高。"

附带一提，"我的意大利菜"创业成员之一的安田道男先生，原本是投资银行业的从业人员。虽然从投资银行转换跑道到餐饮业是很令人讶异的特例，但我想"我的意大利菜"能够制定出如此缜密的战略，当初在投资银行训练出来的模拟技巧想必也派上了不少用场。

## 3 | 这次的模拟题目

接下来，本章将根据设定好的题目，示范如何制作仿真模型。第一个题目请见图4-4。

图4-4 | 题目一：**制作收益预测资料**

| 主角 | 汽车销售门市的主管 |
| 工作内容 | 门市营运和收支管理等<br>过去从来没有制作收益预测资料的经验 |
| 题目 | 管辖该区域所有门市的上司要求：希望各门市主管制作门市未来三年的收益预测资料 |

在汽车销售门市的案例中，基本的数值设定如下：

- 营业收入包含两种类型：销售汽车的收入和提供售后服务的收入
  销售汽车的收入：第一年3亿日元，第二年以后每年增长3%
  售后服务的收入：预期为稳定的收入，每年维持在2亿日元
- 费用包括薪资支出和销售管理费
  薪资支出为员工人数35人×每人平均年薪700万日元
  销售管理费每年维持在2.3亿日元

## 1 | 先思考收益结构

接下来，我们就从主角的立场出发，开始建立收益预测的模型吧。不过话说回来，这样突然要用Excel制作商业模型，我们怎么知道该从哪里开始呢？即使打开了Excel，应该也有很多人僵在计算机前，不知该如何是好。

这种时候，我们要做的第一件事，就是画出仿真模型的设计图。把这个商业模式下创造收益的要素，汇总成树状的结构图。

汽车销售的收益结构如图4-5所示。

## 图4-5 | 思考收益结构

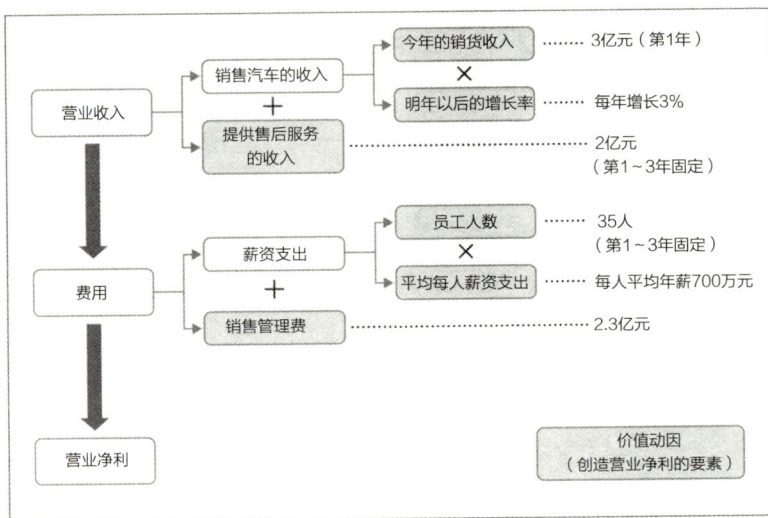

由此图可知，若右方蓝色底色的数值确定，由右向左算出上
一层的项目，最后即可算出净利。换句话说，如果要仿真收益数
字的话，只要试着改动图中蓝色部分的数字即可。换言之，蓝色
部分的数字是创造营业净利的要素，又称"价值动因"。在建立仿
真模型时，必须像这样明确区分出哪些部分是价值动因（可更改
的数字），哪些部分不是价值动因（不可更改的数字）。

把这些项目整理成收益结构后，再用Excel呈现的话，就会得
到如图4-6的表格。

## 图4-6 把收益结构制作成Excel

蓝字是价值动因（可更改的数字）

| | A B C D | E | F | G | H | I |
|---|---|---|---|---|---|---|
| 1 | | | | | | |
| 2 | 收益计划 | | | | | |
| 3 | | | 第1年 | 第2年 | 第3年 | |
| 4 | 营业收入 | 百万元 | 500 | 509 | 518 | |
| 5 | 汽车销售 | 百万元 | 300 | 309 | 318 | |
| 6 | 增长率 | % | N/A | 3.0% | 3.0% | |
| 7 | 售后服务 | 百万元 | 200 | 200 | 200 | |
| 8 | 费用 | 百万元 | 475 | 475 | 475 | |
| 9 | 薪资支出 | 百万元 | 245 | 245 | 245 | |
| 10 | 员工人数 | 人 | 35 | 35 | 35 | |
| 11 | 平均薪资支出 | 百万元 | 7 | 7 | 7 | |
| 12 | 销售管理费 | 百万元 | 230 | 230 | 230 | |
| 13 | 营业净利 | 百万元 | 25 | 34 | 43 | |

配合收益结构向右缩排

## 2 Excel的复习

在此稍微复习一下第一章的内容。以下是希望各位在制作Excel表格时注意的事项：

• 用颜色区分数字，手动输入的数字为“蓝色”，算式的结果为“黑色”。因此，价值动因的数字为手动输入的“蓝色”。只要调整这个蓝色的数字，即可仿真营业净利的变动。

• 项目名称的部分，请把细项向右缩排。这样一来，收益结构便一目了然（例如，"营业收入"是由"汽车销售"和"售后服务"构成的）。

## 3 | 思考收益结构的诀窍

思考收益结构有两个重点，一是先大致完成架构，二是尽量让数字联动。

第一个重点先大致完成架构，意思就是一开始收益结构的项目最好不要太多。若以这次的案例来说，就是不要在一开始就把销售汽车的收入，细分成A车、B车、C车的销货收入等。

为什么呢？因为Excel的作业复杂，常常做着做着，耐心就被消磨掉了。为了避免这样的状况发生，一开始最好简化收益结构的项目，先大致做出一个版本，才有办法确保最后能够顺利完成收益结构图。

如果无论如何都必须细分项目的话，也请先整理出简单的收益结构，之后再慢慢细分下去。

第二个重点尽量让数字联动的意思，就是让收益结构的项目一层一层紧密联动。

以这个案例来说，由于薪资支出＝员工人数×平均每人薪资支出，因此薪资支出便与员工人数联动。像这样的联动能够精细到什么程度，对于提高模拟的准确度来说，是极为重要的。

## 4 | 模拟案例③：麦当劳

关于数字联动的部分，我们再来介绍一个事例吧。日本麦当劳开始以100日元的低价贩卖咖啡时，当时的负责人曾针对此战略提出说明："喝了咖啡的客人，会掏钱购买汉堡，所以从结果来说，应该还是能够回本才对。"这句话说明了咖啡的销售量与汉堡的销售量联动，而这个条件正是此战略得以成立的依据。

如果由我来制订麦当劳的销售计划，我可能会让咖啡的销售量＝汉堡销售量×1.5倍，用这样的方式让咖啡和汉堡的销售量联动。

像这样让各种项目联动，即可提高模拟的准确度。但有一点很重要的是，不要轻易用会计观念去思考数字的联动。

会计用语当中有"变动费用"和"固定费用"等名词。变动费用指的是与营业收入联动的费用，例如材料费用等。另一方面，固定费用指的则是未直接与营业收入联动的费用，例如租赁费用等。在此请先思考一下，租赁费用真的没有和营业收入联动吗？

营业收入增加→增聘员工→扩建办公室→租赁费用提高，或许会呈现这样的结构也不一定。如果是这样的话，就必须让营业收入和租赁费用联动才对。所以不能轻易地用会计观念断言：租赁费用＝固定费用＝未与营业收入联动。有些项目即使乍看之下毫无关联，实际上却有可能会互相联动。所以在进行模拟时，请切实掌握商场上的实际运作，让各项目联动，以提高模拟的准确度。

　　我在举办企业训练课程的过程中，有时会遇到一些企业或单位，只会做一种版本的收益计划，但那其实没有什么意义。因为光靠一种版本并不能够理解经营的风险。唯有假定各种情况，改变价值动因，才能够预测当计划顺利时，可以创造多少利益；在最恶劣的情况下，又必须承担多少损失。

　　再回到汽车销售门市的案例，当一个上司负责管辖多处营业点，无法一一监督每家店面，因此难以预期各店的风险时，下面的人就必须把所有可能面临的风险都向上呈报，让上司了解在各种假定情况下，合理预期的收益将会在什么"范围"之内。

## 1 │ 假定情况至少设定三种版本

　　关于假定情况的版本，应该至少要有一般情况、乐观情况和悲观情况三种。每一种情况大致如下：

### • 一般情况

维持过去的增长趋势，不过于保守地预估。上市公司发布的业绩预测，通常都是一般情况下的预测。

### • 乐观情况

比起一般情况，对收益的预估更积极乐观。公司内部设定的目标数值，通常都是乐观情况下的预测（多数情况下，公司内部设定的目标数值都高于对外发布的目标）。

### • 悲观情况

假定最坏结果的情况。较常使用这种版本的是负责资金管理的CFO（财务总监）。例如在估算"企业收益减少多少，将无法支付员工薪水"等假定情况时，就会假定悲观情况。

## 2 | 模拟案例④：东京迪士尼乐园

来介绍一个在假定悲观的情况下做出决策的案例吧。经营东京迪士尼乐园的Oriental Land股份有限公司，在日本大地震后向银行借贷五百亿日元的资金。当时Oriental Land的说明是"为了避免在同等灾害再度发生的情况下，陷入资金困窘的局面"。这就是在假定悲观的情况下做出的决策。

有些商务人士只着重一般情况或乐观情况，完全不把悲观情况纳入考虑，但我要在此强调，最应该纳入考虑的反而是悲观情况。

我在投资银行时，曾经分析过一家号称由经营之神所经营的企业，最让我惊讶的是，该企业无论在多么悲观的假定情况下，其财务报表都拥有足够的现金可以应对。虽然我们总是很容易聚焦在如何提升营业收入和净利上，但试着分析收益计划或资产负债表在最坏的情况下，是否有足够的现金可以应对，也是一件很重要的事。

## 3 | 模拟案例⑤：软件银行

软件银行在企业并购界相当有名，过去就曾经并购多家企业，社长孙正义在并购某企业之际发表过一段言论，大意如下：

"在收购Ziff-Davis前，我们参考了大约100本资料，每本至少200页，也就是根据多达2万页的资料进行计算机仿真模拟，分析是否应该收购、用多少钱收购才能在净利提升后开始回本，对我们的净利又会造成多少影响等。"

孙社长一定考虑过非常多的假定情况，并反复进行非常精细的模拟后才决定收购，这段事迹在投资银行界相当有名。由于收购Ziff-Davis是1995年的事，由此可见他在20多年前，就已经花非常多的时间在模拟工作上了。

投资银行会根据收购对象企业的收益预测去估算并购价格。在提出收益预测时，也会考虑前述的三种情况。举例来说，若根据悲观情况的收益预测估算出来的企业价值是500亿日元，根据乐观情况的收益预测估算出来的企业价值是1000亿日元，那么实际的并购价格多半会落在500亿日元左右。这是因为对未来的收益预测当然是不确实的，所以站在并购方的立场，自然会觉得："以悲观情况下收益预测估算出来的企业价值金额为并购价格，不会蒙受损失吧。"如果根据乐观预测的金额去收购的话，风险就太高了。

## 4 | 与其执着经营指标，不如研究具体案例

但是，完全把焦点放在经营指标上也不好。举例而言，当今电力公司的经营风险，有很大一部分取决于核能发电厂重新启动的时间。若经营者无视现状，只根据指标判断"本公司的营业净利率有20%，所以经营应该很安全"的话，就太过轻率了，必须更具体地评估现状才对。例如，"在本公司设想的最悲观情况下，即使核电厂直到20××年都无法重启，且石油价格又飙升到××元，本公司的净利应该还是可以达到××亿元的水平（不会面临亏损）"。这样比起光从净利率去思考，显得有说服力多了。

## 5 │ 汽车销售门市的案例

接下来，如图4-7所示，在汽车销售门市的案例中，这三种情况可以这样设定：

## 图4-7 │ **思考假定情况**

| | 一般情况 | 乐观情况 | 悲观情况 |
|---|---|---|---|
| 情况设定 | 如同以往的趋势，汽车销售收入增长率维持3%；其他项目不变。 | 由于近年经济复苏，因此预计汽车销售收入将如同过去景气好的时候一样，达到5%的增长率。此外，由于公司导入新的操作系统，销售管理费将增加1000万元，员工人数则每年减少1人。 | 由于年轻人对汽车的依赖不如往年，因此汽车销售收入增长率预计为-5%，业务人员也会每年减少2人。 |
| 汽车销售收入的增长率 | +3% | +5% | -5% |
| 员工人数（与前一年度相比） | 不变 | -1人 | -2人 |
| 销售管理费 | 不变 | 从第2年开始+1000万元 | 不变 |

- **一般情况**

以往的汽车销售收入增长率为3%，而未来也将维持这个水平。至于其他方面的数字（售后服务收入和各项费用等），由于没有任何会导致大幅变动的可预期因素，因此维持一贯比例。

- **乐观情况**

受到近年来经济复苏的影响，预期第2年和第3年的汽车销售将会向上增长。由此门市过去的销售记录可知，景气好的时候增长率约为5%，因此可达到5%的增长率。

此外，由于公司导入新的操作系统，未来将可减少作业人员。虽然每年的销售管理费会增加1000万日元，但在新的操作系统下，不再需要聘用新员工，因此估计每年可减少一名员工。

- **悲观情况**

近几年来经济确实有复苏的迹象，但年轻人对汽车的依赖程度显著降低，因此预计未来的汽车销售量将持续下滑。某智库的调查报告显示，未来的新车销售数量，最多有可能一年减少5%，因此在悲观情况下，假定汽车销售收入为一年5%的负增长。在此情况下，预期将配合销售量的下滑缩减业务人员编制，因此可能以员工人数每年减少两人的方式缩减人事费用。

三种情况的收益计划分别如图4-8、图4-9和图4-10所示。

## 图4-8 一般情况

| | 百万元 | 第1年 | 第2年 | 第3年 |
|---|---|---|---|---|
| **收益计划** | | | | |
| 一般情况 | | | | |
| | | 第1年 | 第2年 | 第3年 |
| **营业收入** | 百万元 | 500 | 509 | 518 |
| 汽车销售 | 百万元 | 300 | 309 | 318 |
| 增长率 | % | N/A | 3.0% | 3.0% |
| 售后服务 | 百万元 | 200 | 200 | 200 |
| **费用** | 百万元 | 475 | 475 | 475 |
| 薪资支出 | 百万元 | 245 | 245 | 245 |
| 员工人数 | 人 | 35 | 35 | 35 |
| 平均薪资支出 | 百万元 | 7 | 7 | 7 |
| 销售管理费 | 百万元 | 230 | 230 | 230 |
| **营业净利** | 百万元 | 25 | 34 | 43 |

一般情况下的条件

## 图4-9 乐观情况

| | 百万元 | 第1年 | 第2年 | 第3年 |
|---|---|---|---|---|
| **收益计划** | | | | |
| 乐观情况 | | | | |
| | | 第1年 | 第2年 | 第3年 |
| **营业收入** | 百万元 | 500 | 515 | 531 |
| 汽车销售 | 百万元 | 300 | 315 | 331 |
| 增长率 | % | N/A | 5.0% | 5.0% |
| 售后服务 | 百万元 | 200 | 200 | 200 |
| **费用** | 百万元 | 475 | 478 | 471 |
| 薪资支出 | 百万元 | 245 | 238 | 231 |
| 员工人数 | 人 | 35 | 34 | 33 |
| 平均薪资支出 | 百万元 | 7 | 7 | 7 |
| 销售管理费 | 百万元 | 230 | 240 | 240 |
| **营业净利** | 百万元 | 25 | 37 | 60 |

乐观情况下的条件

## 图4-10　悲观情况

## 6　用图表汇总各种情况

如图4-11所示，当我们把各种情况的净利汇总成一张表格，并绘制成折线图后，即可更容易比较各种情况下收益预测的差异。

案例中的主角先向身为区域经理的上司提供假设条件、各种情况的收益计划表和各种情况的比较图，再进一步说明：

"关于本门市三年后的收益预测，若是在一般情况下，延续过去增长趋势的话，预估净利将达4300万日元。如果经济复苏使汽车销售数量增加，最多有可能提高到6000万日元，这部分我们也会尽全力去达成。相反地，营业收入也有减少的风险。最近年

轻人对汽车的依赖下降，对本门市也造成负面影响，在最糟糕的
情况下，汽车销售收入也有可能呈现5%的负增长。不过，由于届
时也将缩减业务人员的编制，因此净利应该有望维持在和现在相
同水平的2400万元上。"

## 图4-11 | 比较各情况下的结果

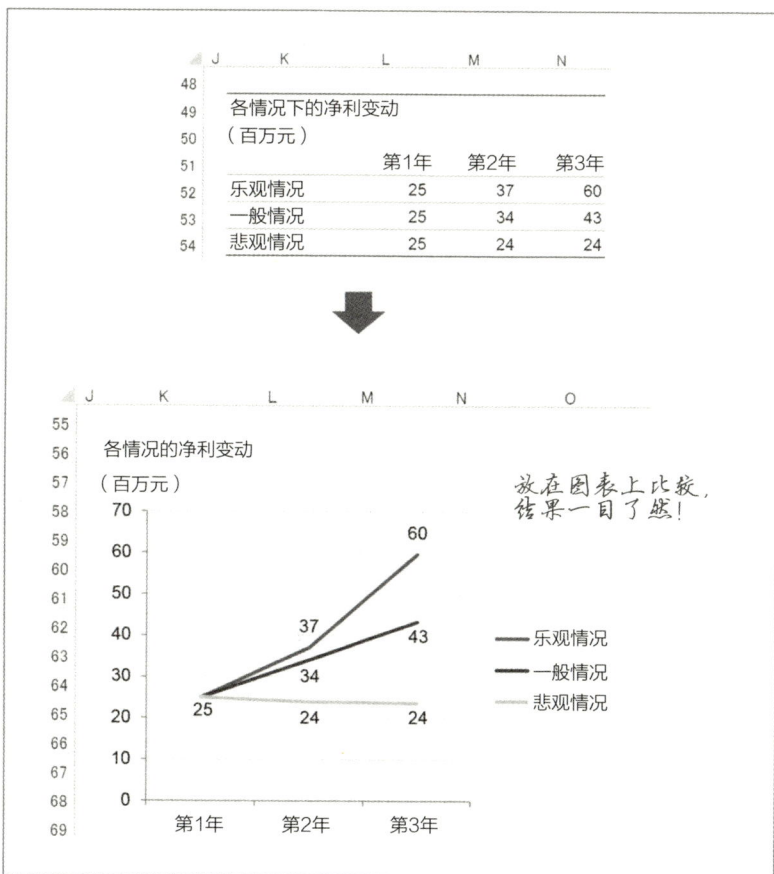

听完这段分析以后，上司或许就会对本案例中的主角给予高度评价，认为："这个主管能够根据各种经营情况，考虑未来的收益计划，而且还具有高度的风险管理意识，懂得在最恶劣的情况下也要确保收益的道理。"

收益会在许多因素影响下大幅变动。正因如此，才要根据各种假定情况制作收益计划，从多种角度预测收益，而且不管是乐观的角度也好，悲观的角度也好，让整个团队共享这些观点是很重要的事。

# 4. 敏感度分析思考法

## 1 | 什么是敏感度分析

到目前为止的说明，不知道是否已让各位了解了如何运用汽车销售门市案例中的方法来完成收益模拟呢？接下来我们要更进一阶，来学习敏感度分析。所谓的敏感度分析，就是研究影响收益的几项变量如果变动的话，会对结果造成什么样的影响。

假设现在要替一项新推出的商品决定价格，而价格会影响销售数量的多寡，根据过去的经验，价格与销售数量之间的关系应该有以下三种情形：

若价格设定为1000元，则每月销售数量为500个。

若价格设定为800元，则每月销售数量为700个。

若价格设定为1200元，则每月销售数量为400个。

像这样，当想要模拟的情况有很多种的时候，敏感度分析即可派上用场。如果像图4-14那样制作一张敏感度分析表，即可清楚地看出价格与销售数量对净利会造成多少影响，在决定价格时也更方便进行讨论。

此外，在会议等场合上，因为不需要当场在Excel上输入数字，所以不但省了不少时间，也不必担心因为更改数字而忘记先前的净利是多少。

## 2 汽车销售门市案例的敏感度分析

接下来，就试着用前面的汽车销售门市案例，来进行敏感度分析吧。这一次的背景和题目设定请见图4-12。

碰到这种需要假设多项价值动因的情况时，只要锁定上司说的关键词，亦即针对"员工人数"和"汽车销售收入的增长率"这两项数字进行敏感度分析，观察其变动会对净利造成什么样的影响，决策时就能有所依据。

只要像图4-14一样，调整员工人数和销货收入增长率的数字，并依此制作出第2年的净利模拟表格，即可得到以下的推论。

## 图4-12 题目2：增加业务人员以扩大营业收入？

建立门市未来三年收益预测数据的门市主管，获得了上司高度的评价。

这一回上司又想到了新的提案："第二年如果增加5名业务人员，让第二年的汽车销售收入比第一年增加10%怎么样？我们不是应该更积极地追求营业收入的增长吗！"

对此，主管的想法如下："按照目前的收益预测资料，第二年的汽车销售收入比第一年增加3%，所以如果能够增加10%的话，当然是一件值得期待的事。不过业务人员增加的话，薪资支出也会增加，所以还是必须评估最后的净利究竟会增加还是减少。此外，万一业务人员增加，营业收入却没增长的话，又该怎么办呢？到时恐怕必须设法避免只有薪资支出增加而导致亏损的情况。"

好了，现在该怎么办呢？

如果按照上司所说，"把员工人数增加5人（35名→40名），让营业收入增长10%"，则净利会变成2000万日元。净利比现在的收益预测3400万日元（不增加员工人数，营业收入增长3%）还要少。因此上司提出的方案不能算是一个良策。

若员工人数增加5人，营业收入增长率却维持现状的3%，则净利会变成负100万日元的亏损。另外，在悲观情况下（营业收入增长率为-5%），净利有可能变成负2500万日元的严重亏损。

图4-13 ┃ **我们想运用这张Excel表格进行什么样的模拟呢？**

|  |  | 第1年 | 第2年 | 第3年 |
|---|---|---|---|---|
| 收益计划 |  |  |  |  |
| 营业收入 | 百万元 | 500 | 509 | 518 |
| 汽车销售 | 百万元 | 300 | 309 | 318 |
| 增长率 | % | N/A | 3.0% | 3.0% |
| 售后服务 | 百万元 | 200 | 200 | 200 |
| 费用 | 百万元 | 475 | 475 | 475 |
| 薪资支出 | 百万元 | 245 | 245 | 245 |
| 员工人数 | 人 | 35 | 35 | 35 |
| 平均薪资支出 | 百万元 | 7 | 7 | 7 |
| 销售管理费 | 百万元 | 230 | 230 | 230 |
| 营业净利 | 百万元 | 25 | 34 | 43 |

*想要知道销货收入增长率和员工人数的变动，会对净利造成什么影响……*

根据第二年的净利模拟，即使营业收入大幅增长，增加5名员工的策略依然会大幅提高亏损的风险。

相对于此，如果像图4-15一样，把员工人数从35人减少至30人以后，又会发生什么事呢？从表中可知，即使汽车销售收入增长率下降为负10%，净利依然能够达到3000万日元。

想要创造更多利益，与其把重点摆在增加业务人员以提高营业收入上，不如减少业务人员，尽量提高工作的效率。如果能像这样用一张表格，让人清楚看出员工人数的增减会对净利造成多少影响的话，相信上司也会更容易被说服。

## 图4-14 如果增加员工人数的话……

| | J | K | L | M | N | O | P | Q | R |
|---|---|---|---|---|---|---|---|---|---|
| 16 | | | | | | | | | |
| 17 | | 第二年的净利模拟 | | | | | | | |
| 18 | | （百万元） | | | | | | | |
| 19 | | | | | | 员工人数 | | | |
| 20 | | | | 30 | 35 | 40 | 45 | 50 | |
| 21 | | | -10% | 30 | -5 | C -40 | -75 | -110 | |
| 22 | | | -5% | 45 | 10 | (-25) | -60 | -95 | |
| 23 | | 汽车销售 | -3% | 51 | 16 | -19 | -54 | -89 | |
| 24 | | 的增长率 | 0% | 60 | 25 | B -10 | -45 | -80 | |
| 25 | | | 3% | 69 | (34) | (-1) | -36 | -71 | |
| 26 | | | 5% | 75 | 40 | 5 | -30 | -65 | |
| 27 | | | 10% | 90 | 55 A | (20) | -15 | -50 | |

*员工人数增加的话，会提高亏损的风险！*

## 图4-15 相反，如果减少员工人数的话……

| | J | K | L | M | N | O | P | Q | R |
|---|---|---|---|---|---|---|---|---|---|
| 16 | | | | | | | | | |
| 17 | | 第二年的净利模拟 | | | | | | | |
| 18 | | （百万元） | | | | | | | |
| 19 | | | | | | 员工人数 | | | |
| 20 | | 34 | | 30 | 35 | 40 | 45 | 50 | |
| 21 | | | -10% | D (30) | -5 | -40 | -75 | -110 | |
| 22 | | | -5% | 45 | 10 | -25 | -60 | -95 | |
| 23 | | 汽车销售 | -3% | 51 | 16 | -19 | -54 | -89 | |
| 24 | | 的增长率 | 0% | 60 | 25 | -10 | -45 | -80 | |
| 25 | | | 3% | 69 | (34) | -1 | -36 | -71 | |
| 26 | | | 5% | 75 | 40 | 5 | -30 | -65 | |
| 27 | | | 10% | 90 | 55 | 20 | -15 | -50 | |

*如果减少员工人数，即使汽车销售呈现负增长，也能创造利益！*

# 3 | 利用Excel进行敏感度分析

敏感度分析也能用Excel来进行。这里要使用的是运算列表的功能。我们先用Excel来计算一下，当前面的汽车销售门市案例中，员工人数和增长率改变时，第2年的净利会如何变动。

首先，如图4-16所示，在和收益计划同一张工作表上，画出敏感度分析的空白表格。增长率（纵轴）和员工人数（横轴）的数值，请配合预设的变动范围进行设定。此处的增长率设定在-10%~（+10%）之间，员工人数设定在30人~50人之间（原本的收益计划为+3%和35人）。

接下来，将纵轴与横轴交会的单元格（A）设定参照，参照目标是欲仿真之数字（第二年的净利）的单元格（B）。在前导参照的单元格中，已经填入了第二年净利的算式。接下来的目的就是要把纵轴和横轴的数字，套入这个算式中进行计算。

选择敏感度分析的对象范围（C），打开"数据"索引标签，点选"假设状况分析"→"运算列表"。

页面上跳出"运算列表"的对话框后，接下来要设定"行可变单元格"和"栏可变单元格"。行就是横轴，在此例中就是员工人数。"行可变单元格"的意思就是"横轴的数字是原始版计算的哪个部分"，因此先点一下"行可变单元格"，然后选取原始版计算（收益计划）中的“第二年员工人数”的单元格G10。

## 图4-16 制作敏感度分析的空白表格

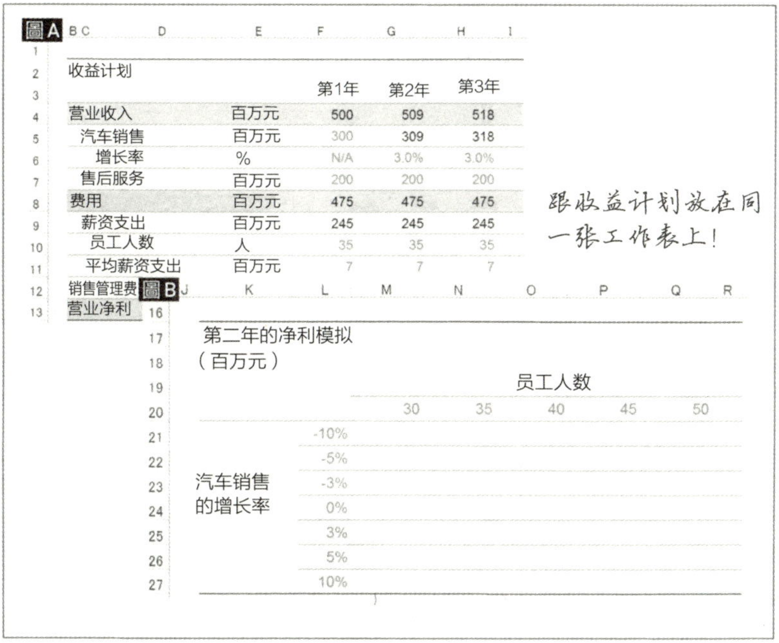

圖A

收益计划

| | | 第1年 | 第2年 | 第3年 |
|---|---|---|---|---|
| 营业收入 | 百万元 | 500 | 509 | 518 |
| 汽车销售 | 百万元 | 300 | 309 | 318 |
| 增长率 | % | N/A | 3.0% | 3.0% |
| 售后服务 | 百万元 | 200 | 200 | 200 |
| 费用 | 百万元 | 475 | 475 | 475 |
| 薪资支出 | 百万元 | 245 | 245 | 245 |
| 员工人数 | 人 | 35 | 35 | 35 |
| 平均薪资支出 | 百万元 | 7 | 7 | 7 |
| 销售管理费 | | | | |
| 营业净利 | | | | |

圖B

第二年的净利模拟（百万元）

| | | 员工人数 | | | | |
|---|---|---|---|---|---|---|
| | | 30 | 35 | 40 | 45 | 50 |
| 汽车销售的增长率 | -10% | | | | | |
| | -5% | | | | | |
| | -3% | | | | | |
| | 0% | | | | | |
| | 3% | | | | | |
| | 5% | | | | | |
| | 10% | | | | | |



至于栏就是纵轴，也就是汽车销售收入的增长率。因此先点一下“栏可变单元格”后，再选取原始版计算中的“第二年的汽车销售收入增长率”的单元格G6（D）。

各单元格都选好以后，单击“确定”（E）。

如此一来即可完成计算，让结果显示在各个字段里（图4-19）。

## 图4-17 用运算列表功能进行敏感度分析

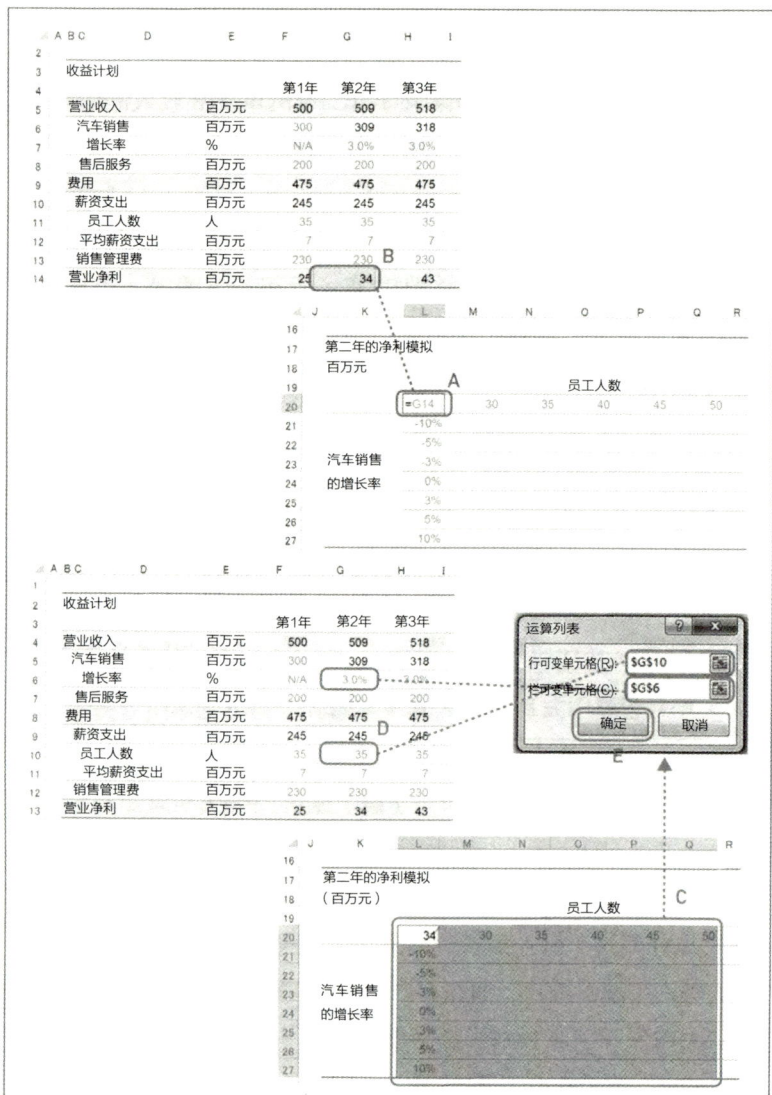

## 图4-18 运算列表功能

运算列表功能的路径：
"数据"索引标签→"假设状况分析"→"运算列表"

## 图4-19 瞬间就可以完成净利模拟

第二年的净利模拟

（百万元）

| | | | 员工人数 | | | |
|---|---|---|---|---|---|---|
| 34 | 30 | 35 | 40 | 45 | 50 |
| -10% | 30 | -5 | -40 | -75 | -110 |
| -5% | 45 | 10 | -25 | -60 | -95 |
| 汽车销售 -3% | 51 | 16 | -19 | -54 | -89 |
| 的增长率 0% | 60 | 25 | -10 | -45 | -80 |
| 3% | 69 | 34 | -1 | -36 | -71 |
| 5% | 75 | 40 | 5 | -30 | -65 |
| 10% | 90 | 55 | 20 | -15 | -50 |

最后，在纵轴与横轴交会处的单元格中，把"34"这个数字的文字色彩改成白色隐藏起来（图4-20中框线圈起来的部分）。因为这是不必给别人看到的数字（只是在运算列表中用来计算的

数字）。

经由以上步骤，就可以针对员工人数和汽车销售收入增长率设定不同的条件，完成净利计算表。

**图4-20** **不需要给别人看的数字就隐藏起来**

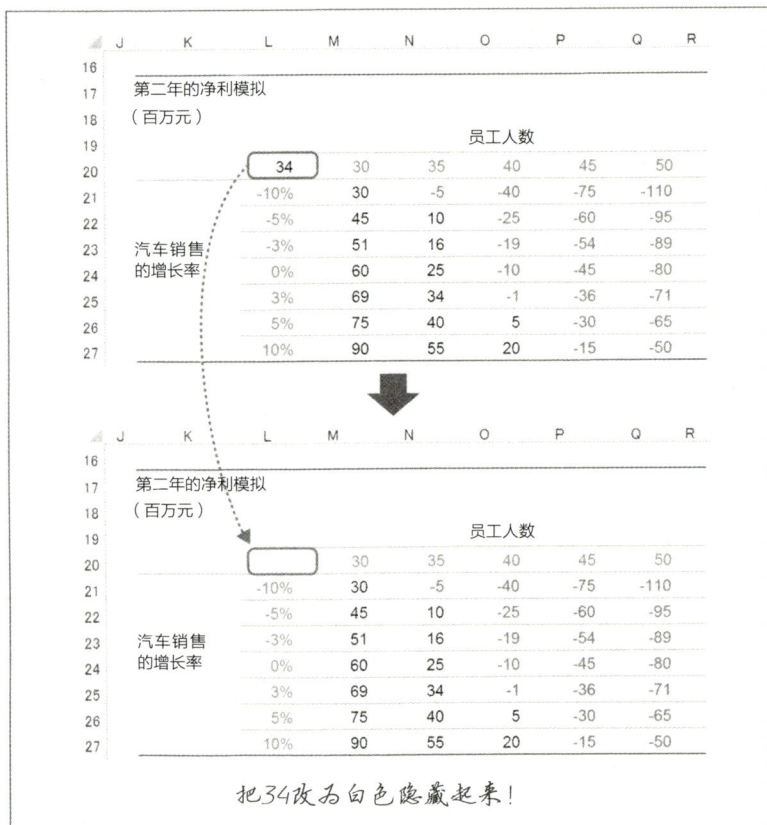

| | | | | 员工人数 | | | | |
|---|---|---|---|---|---|---|---|---|
| | | | | 30 | 35 | 40 | 45 | 50 |
| | 34 | | | 30 | -5 | -40 | -75 | -110 |
| | -10% | | | 45 | 10 | -25 | -60 | -95 |
| 汽车销售 | -5% | | | 51 | 16 | -19 | -54 | -89 |
| 的增长率 | -3% | | | 60 | 25 | -10 | -45 | -80 |
| | 0% | | | 69 | 34 | -1 | -36 | -71 |
| | 3% | | | 75 | 40 | 5 | -30 | -65 |
| | 5% | | | 90 | 55 | 20 | -15 | -50 |
| | 10% | | | | | | | |

第二年的净利模拟
（百万元）

第二年的净利模拟
（百万元）

| | | | | 员工人数 | | | | |
|---|---|---|---|---|---|---|---|---|
| | | | | 30 | 35 | 40 | 45 | 50 |
| | | | | 30 | -5 | -40 | -75 | -110 |
| | -10% | | | 45 | 10 | -25 | -60 | -95 |
| 汽车销售 | -5% | | | 51 | 16 | -19 | -54 | -89 |
| 的增长率 | -3% | | | 60 | 25 | -10 | -45 | -80 |
| | 0% | | | 69 | 34 | -1 | -36 | -71 |
| | 3% | | | 75 | 40 | 5 | -30 | -65 |
| | 5% | | | 90 | 55 | 20 | -15 | -50 |
| | 10% | | | | | | | |

把34改为白色隐藏起来！

## 4 │ 模拟案例⑥：非营利组织

我在Excel的训练课程上，都会让参加者亲自制作模拟模型，并且在课程最后让他们展示各自的成果。下面就来介绍其中一个案例，作为敏感度分析的例子。

给大家展示模拟模型的人是一位名叫宫崎的大学生，除了是一名学生，他还经营一家非营利组织。为了筹措活动资金，他决定开餐饮店拓展资源。

寻找开店地点的宫崎同学，找到了一家不定期营业的咖啡店，他和店主商量："能不能在没有营业的时段，把场地出租给我呢？"咖啡店给他的答复是"① 只租白天；② 只租晚上"，要他在两种方案中选择一种。方案① 和方案② 的租金不一样。

于是宫崎同学决定用Excel制作模拟模型，试算"只租白天"和"只租晚上"哪一种方案能够获得较多的净利。考虑过各种情况后，他判断"平均消费"和"翻桌率"这两项因素对净利的影响最大。

因此他开始用"平均消费"和"翻桌率"的数字进行敏感度分析，最后得到如图4-22和图4-23所示的结果。

图4-21 **费用的结构**

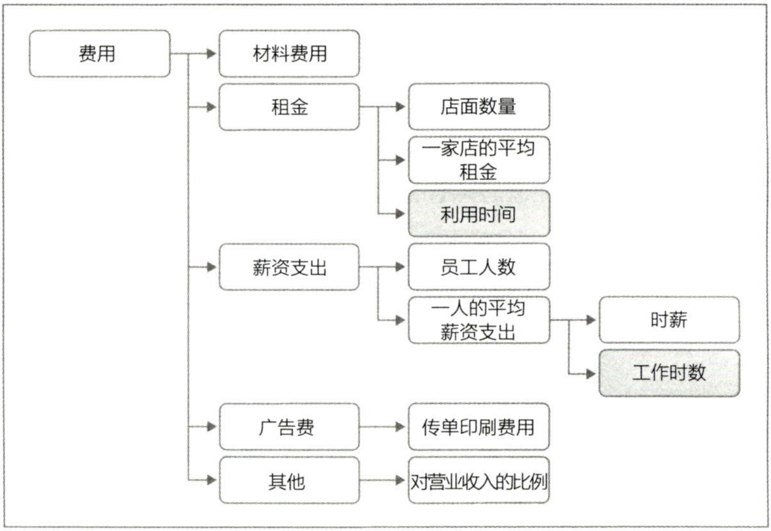

图4-22 **只租白天时段的净利模拟**

| | | 0.5 | 1.0 | 1.5 | 2.0 | 2.5 | 3.0 | 3.5 | 4.0 |
|---|---|---|---|---|---|---|---|---|---|
| 净利模拟（元） | | | | | 翻桌率 | | | | |
| | 500 | -84,302 | -75,752 | -67,202 | -58,652 | -50,102 | -41,552 | -33,002 | -24,452 |
| | 1,000 | -75,752 | -58,652 | -41,552 | -24,452 | -7,352 | 9,748 | 26,848 | 43,948 |
| | 1,500 | -67,202 | -41,552 | -15,902 | 9,748 | 35,398 | 61,048 | 86,698 | 112,348 |
| 平均消费 | 2,000 | -58,652 | -24,452 | 9,748 | 43,948 | 78,148 | 112,348 | 146,548 | 180,748 |
| | 2,500 | -50,102 | -7,352 | 35,398 | 78,148 | 120,898 | 163,648 | 206,398 | 249,148 |
| | 3,000 | -41,552 | 9,748 | 61,048 | 112,348 | 163,648 | 214,948 | 266,248 | 317,548 |
| | 3,500 | -33,002 | 26,848 | 86,698 | 146,548 | 206,398 | 266,248 | 326,098 | 385,948 |
| | 4,000 | -24,452 | 43,948 | 112,348 | 180,748 | 249,148 | 317,548 | 385,948 | 454,348 |

## 图4-23 只租晚上时段的净利模拟

| | | 0.5 | 1.0 | 1.5 | 2.0 | 2.5 | 3.0 | 3.5 | 4.0 |
|---|---|---|---|---|---|---|---|---|---|
| | 500 | -27,275 | -18,725 | -10,175 | -1,625 | 6,925 | 15,475 | 24,025 | 32,575 |
| | 1,000 | -18,725 | -1,625 | 15,475 | 32,575 | 49,675 | 66,775 | 83,875 | 100,975 |
| | 1,500 | -10,175 | 15,475 | 41,125 | 66,775 | 92,425 | 118,075 | 143,725 | 169,375 |
| 平均消费 | 2,000 | -1,625 | 32,575 | 66,775 | 100,975 | 135,175 | 169,375 | 203,575 | 237,775 |
| | 2,500 | 6,925 | 49,675 | 92,425 | 135,175 | 177,925 | 220,675 | 263,425 | 306,175 |
| | 3,000 | 15,475 | 66,775 | 118,075 | 169,375 | 220,675 | 271,975 | 323,275 | 374,575 |
| | 3,500 | 24,025 | 83,875 | 143,725 | 203,575 | 263,425 | 323,275 | 383,125 | 442,975 |
| | 4,000 | 32,575 | 100,975 | 169,375 | 237,775 | 306,175 | 374,575 | 442,975 | 511,375 |

净利模拟（元），翻桌率

根据模拟的结果，宫崎同学得以判断晚上经营餐饮店比白天经营餐饮店更能获益，亏损的风险也比较小。所以他决定经营晚上的时段。

像这样用明确的数字进行仿真再做出决定，我认为宫崎同学很明智。最值得赞许的地方是，他深知自己是缺乏市场经验的大学生，所以更应该用数字说明，而不是冲动行事或依赖直觉。

至于那家餐饮店后来怎么样了呢？听说他雇用的外籍主厨因为对成本缺乏概念，导致成本率高达70%，远高于一般餐饮店30%的成本率，所以很可惜没能创造收益。

的确，有的时候也会像这样因错估了价值动因，而导致最后的结果与当初的预期大不相同。但即使如此，也不能全盘否定仿真模型的意义。预期与结果大有出入的时候，查明当初没考虑到的因素，并运用在下一次的模拟当中，以提高模拟的精确度，这才是最重要的。

经常有商务人士在建立新的收益计划时说："因为是全新的商业模式，所以根本没办法做收益计划。"仅管如此，还是要建立模拟模型，不要轻易放弃。况且，没有任何一个仿真模型从一开始就是精准的。找到当初的预测和现实之间的差距，并逐步改善仿真模型，这才是最重要的事。

**专栏　参加Excel讲座的都是什么样的人？**

在我举办的讲座"投资银行家教你如何运用Excel学习商业模拟"上，参加者往往各形各色，而参加的动机也是五花八门。

因为是"商业模拟"的讲座，所以各位可能会认为参加者都是商务人士，但其实也有不少大学生。经过深入了解后，他们说："即使学了一般的经营学或营销学，也不知道能不能应用在工作上。与其这样，不如成为一个能运用Excel处理数据的商务人士。所以才想来参加讲座。"其中也有很多人在毕业前，就已经获得外商顾问公司或金融公司的聘用。

最近也有越来越多的经营者来参加讲座，例如美容师。虽然很多美容师最终都会独立创业，但如今的美容市场也与以往大不相同，有越来越复杂的趋势。据说当今最受欢迎的是一边做美容，一边提供护理高龄者的服务。然而，护理美容不但需要专用的车子，还必须同时取得护理行业的资格证书。在同时有这么多条件的情况下，收支的模拟变得比想象中还要复杂，所以才会想用Excel来做这种复杂的模拟。

其他还有很多创业公司的经营者也会来参加讲座。为了获得创投资金，他们必须制作事业计划书，说明其产业有多少发展空间，而为了顺利发展又要投入多少资金等。他们想学会如何用Excel完成这些数字的计算。

如今，市场越来越复杂，收益模拟的技巧已开始被用在各种领域。

# 我的 Excel 生涯
## 还有很长一段路要走

在此，我想简单介绍一下，这一路走来，我是如何把Excel运用在我的职业生涯中的（虽然还很短暂）。

在摩根士丹利证券投资银行本部度过了一段终日与Excel为伴的日子后，我开始产生想要独自经营公司的念头，于是我先进入商学院，再转职到互联网企业（在投资银行最难得的经验就是主导巨额的企业并购案等充满变数的工作，不过却没有自己创业的机会，因此向往独自运营公司的银行家非常多）。

然而这时我才发现，从来没写过任何一份企划书的我，根本毫无构思创新网络服务的能力。商业构想是不会从Excel里生出来的……

但即使如此，我在投资银行积累了许多收益模拟经验，还是可以活用在很多工作上。比方说广告投资，我可以通过网络广告获得许多数据（浏览广告的人当中，有多少比例的人实际购入商品等）。这种数据容易变得很复杂，也容易造成团队的混乱。

于是我开始花心思在Excel上，把数据整理得像本书解说的一样简单明了，让数据"可视化"，这样一来整个团队都能评估广告的投资回报率。除此之外，我也借由广告资料的深入分析，取得了提高广告投资回报率的成果。

现在的我，主要在周末举办Excel讲座或企业训练课程。这一系列的讲座在开办的第一年，就有三千人报名参加。经常有人问我："你是如何吸引到这么多人来参加的呢？"其实这也是拜收益模拟所赐。

**调整每场讲座的报名费，以达到营收的最大化**

| | 第1回 | 第2回 | 第3回 |
|---|---|---|---|
| 参加费 | 0元 | 3,000元 | 5,000元 |
| 参加人数 | 30人 | 25人 | 10人 |
| 营业收入 | 0元 | (75,000元) | 50,000元 |

营收最大化！

似乎有很多人以为，讲座或企业训练课程只要内容好，自然就会有人参加，但我个人并不这么认为。倘若无法让市场了解内容，那么即使内容再好，参加人数也不会增加。

为了提高讲座的集客力，我进行的其中一项模拟就是报名费的设定。刚开始举办讲座的时候，我每举办一次就调整一次报名费。可能第一回免费，第二回调到3000元，这次再调到5000元之类的。当然，参加人数也会随着价格而变动，因此我花了很多时间去实验，怎样的价格设定才能让利益最大化。

经常有人说："想要让参加者变多的话，降低报名费不就好了吗？"但这话并不是百分之百正确。在某些案例中，提高价格让利益最大化后，由于投资在广告上的金额增加，顺利达到宣传效果，因此集客力也提高了。相反，也有很多案例，虽然把讲座设定为免费参加，但因为没钱打广告，所以最后根本没人注意到那场讲座。

至于我在开办讲座之际，花最多时间的事，就是广告投资效率的提升。在哪个广告上花多少钱，就能吸引到多少人来参加？在该条件下的投资回报率又是百分之多少？我就是经由反复的模拟计算与实验，才能够有效率地招揽顾客上门。

然后我现在正在思考的事情是：如果能提升我个人的品牌，是不是就能让更多人来参加讲座呢？毕竟参加一个名不见经传的讲师所举办的讲座，我想确实是需要勇气的。这样的话，如果大家能知道"哦！讲师是写了那本Excel书的人啊！"，是不是就能更放心地来参加讲座或企业训练课程呢？学习Excel时，实际动手操作是很重要的，因此读过这本书以后，如果你有很强烈的想让自己的Excel技能变得更强的欲望，请务必亲自来参加讲座。倘若能够通过这本书，让更多的人认识正确的Excel使用方法，那么我将感到无比的喜悦。

**广告→营收增加→投入更多广告所形成的循环**

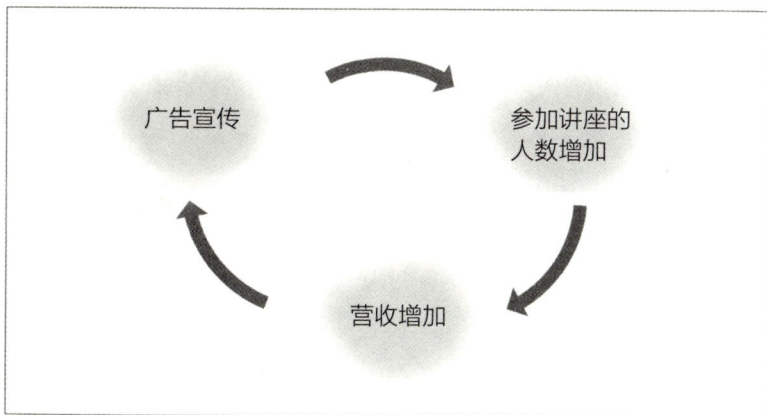

最后，我想借此机会向协助本书执笔工作的各位，表达我的感谢之意。首先，本书得以付梓，最该感谢的当然还是摩根士丹利。虽然大家都说外商公司是很公事公办的地方，但在我大学毕业以后，培育了我五年的摩根士丹利，对我来说无疑是再生父母，惠我良多。每次经过以前办公室所在的东京惠比寿，一想起当年的事就会让我血压飙升，尽管严格如此，却可以算是非常注重教育的父母。

另外，我还要感谢GLOBIS（日本商学院）经营研究所的诸位，在我举办讲座和企业训练课程时提供支持。尤其要感谢给我许多建言的山中老师，以及提供讲座会场的beez银座店。

讲座举办的地点不仅限于东京，鲜少远行的我，能够有机会走访大阪、名古屋、福冈、仙台、札幌，结识各式各样的人，真的是一件很开心的事。每每在福冈遇到热情温厚的各位，我都会兴起移居福冈的念头；在仙台遇到想用Excel制作地震重建计划的人，我的胸口就泛起一股暖流。另外还要诚挚感谢在新加坡举办讲座时，提供讲座会场的ISI-Dentsu South East Asia Pte. Ltd.（ISI电通东南亚有限公司）和北田裕美子女士。

感谢Recruit Career（招聘生涯）的叶平川先生举办多场以大学生为对象的讲座，同时也感谢每一位被我找来参加企业训练课程的朋友。此外，多亏有许多新创企业公司的支持，这一系列的Excel讲座才得以成长至今。托Street Academy（街道学院）的福，个人也能轻松举办讲座，还有（日本在线教育网站）的在线教学也有500人以上参加。

另外，我还想感谢一路上支持我走到书籍出版这一步的人。

首先是帮我和出版社牵线的笠井奈津子女士，然后是协助我出版本书的木山政行先生，以及在技术面上提供建议的Excel专家冈使用田泰子女士，在此也向二位致上感谢之意。对于比起Word更擅长使用Excel的我来说，要完成上万字的文章和将近一百五十组图表，简直可以说是一件苦差事。我能够坚持到最后，全都要感谢二位的建议和鼓励。

我在本书中再三强调，Excel成果是团队合作下的产物，而经过这段日子，我觉得一本书的诞生，同样也是团队合作下的产物。

最后，我要感谢至今为止参与过我的讲座或企业训练课程的三千位学员。我想或许就是因为有各位宝贵的意见、感想和提问，我才能够归纳出很多人应该知道却不知道的Excel重点吧。能够认识各位，听到各位说"我学会Excel了！"，就是我最大的资产，也是支持我继续走下去的动力。期待再次在讲座或企业训练课程的会场上与各位相见！

熊野整

# 格式设定的重点

字体为Arial
数字标上千分撇
手动输入为蓝色、计算式为黑色
不填入数字的单元格用"N/A"表示

表格不要从A1单元格开始

项目下的细项向右缩排

单位自成一栏

数字靠右对齐

| | A B C | D | E | F | G | H | I |
|---|---|---|---|---|---|---|---|
| 1 | | | | | | | |
| 2 | 收益计划 | | | | | | |
| 3 | | | | 第1年 | 第2年 | 第3年 | |
| 4 | 销货收入 | | 元 | 800,000 | 1,040,000 | 1,352,000 | |
| 5 | 销货数量 | | 个 | 1,000 | 1,300 | 1,690 | |
| 6 | 增长率 | | % | N/A | 30% | 30% | |
| 7 | 单价 | | 元 | 800 | 800 | 800 | |
| 8 | 费用 | | 元 | 300,000 | 500,000 | 700,000 | |
| 9 | 薪资支出 | | 元 | 200,000 | 400,000 | 600,000 | |
| 10 | 员工人数 | | 人 | 1 | 2 | 3 | |
| 11 | 平均薪资支出 | | 元 | 200,000 | 200,000 | 200,000 | |
| 12 | 租金 | | 元 | 100,000 | 100,000 | 100,000 | |
| 13 | 营业净利 | | 元 | 500,000 | 540,000 | 652,000 | |

隐藏栏行时使用群组功能

背景色选择淡色系

行高为18
表格框在线下粗、其余细
不需要直线
隐藏灰色网格线
（背景色设为白色）

卷末附录 **2**

# 快捷键

| 格式 | |
|---|---|
| 单元格格式 | Ctrl + 1 |
| 变更背景颜色 | Alt H H |
| 变更文字颜色 | Alt H F C |
| 变更字体 | Alt H F F |
| 靠右对齐 | Alt H A R |
| 靠左对齐 | Alt H A L |
| 群组 | Shift + Alt + → |
| 插入行或栏 | Ctrl + 加号 |
| 移动 | |
| 移动到当前资料区边缘 | Ctrl + 方向键 |
| 选定到数据底端 | Ctrl + Shift + 方向键 |

| 移动到其他工作表 | Ctrl＋Page Down（Page Up） |
| 移动到前导参照单元格 | Ctrl＋[ |
| 追踪 | |
| 追踪前导参照 | Alt M P |
| 追踪从属参照 | Alt M D |
| 移除箭头 | Alt M A A |
| 文件储存 | |
| 另存新文件 | Alt F A（或是F12） |
| 储存 | Ctrl＋S |
| 关闭一个Excel文件 | Ctrl＋W |
| 关闭所有Excel文件 | Alt F X（或是Alt＋F4） |
| 打印 | |
| 打印 | Ctrl＋P |
| 指定打印区域 | Alt P R S |
| 设定打印页面 | Alt P S P |
| 其他 | |
| 绘制图表 | Alt N N Enter |
| 复制格式 | Alt H V S |
| 确认单元格的内容 | F2 |
| 重复相同的操作 | F4 |
| 表格的缩放 | Ctrl＋鼠标滚轮 |

ISBN 978-7-5404-8015- 8

手机扫描二维码
直接加入博集书友会微信

关注看赏：好故事，新见识

博集天卷
CS-BOOKY

9 787540 480158 >

定价：38.00元

# weekly schedule

| | |
|---|---|
| M | |
| T | |
| W | |
| T | |
| F | |
| S | |
| S | |

weekly schedule

| M | |
|---|---|
| T | |
| W | |
| T | |
| F | |
| S | |
| S | |

# weekly schedule

| | |
|---|---|
| M | |
| T | |
| W | |
| T | |
| F | |
| S | |
| S | |

| M | |
|---|---|
| T | |
| W | |
| T | |
| F | |
| S | |
| S | |

# weekly schedule

| | |
|---|---|
| M | |
| T | |
| W | |
| T | |
| F | |
| S | |
| S | |

# weekly schedule

| | |
|---|---|
| M | |
| T | |
| W | |
| T | |
| F | |
| S | |
| S | |

# weekly schedule

| M | |
|---|---|
| T | |
| W | |
| T | |
| F | |
| S | |
| S | |

# weekly schedule

| | |
|---|---|
| M | |
| T | |
| W | |
| T | |
| F | |
| S | |
| S | |

# weekly schedule

| | |
|---|---|
| M | |
| T | |
| W | |
| T | |
| F | |
| S | |
| S | |

# weekly schedule

| | |
|---|---|
| M | |
| T | |
| W | |
| T | |
| F | |
| S | |
| S | |

# weekly schedule

| | |
|---|---|
| M | |
| T | |
| W | |
| T | |
| F | |
| S | |
| S | |

| | |
|---|---|
| M | |
| T | |
| W | |
| T | |
| F | |
| S | |
| S | |

M

T

W

T

F

S

S

# weekly schedule

| | |
|---|---|
| M | |
| T | |
| W | |
| T | |
| F | |
| S | |
| S | |

# weekly schedule

| M | |
|---|---|
| T | |
| W | |
| T | |
| F | |
| S | |
| S | |

| M | |
|---|---|
| T | |
| W | |
| T | |
| F | |
| S | |
| S | |

# weekly schedule

| | |
|---|---|
| M | |
| T | |
| W | |
| T | |
| F | |
| S | |
| S | |

weekly schedule

| | |
|---|---|
| M | |
| T | |
| W | |
| T | |
| F | |
| S | |
| S | |

| M | |
|---|---|
| T | |
| W | |
| T | |
| F | |
| S | |
| S | |

weekly schedule

| | |
|---|---|
| ___ M | |
| ___ T | |
| ___ W | |
| ___ T | |
| ___ F | |
| ___ S | |
| ___ S | |

# weekly schedule

| M | |
|---|---|
| T | |
| W | |
| T | |
| F | |
| S | |
| S | |

# weekly schedule

| | |
|---|---|
| M | |
| T | |
| W | |
| T | |
| F | |
| S | |
| S | |

# weekly schedule

| | |
|---|---|
| M | |
| T | |
| W | |
| T | |
| F | |
| S | |
| S | |

# weekly schedule

| | |
|---|---|
| M | |
| T | |
| W | |
| T | |
| F | |
| S | |
| S | |

| M | |
|---|---|
| T | |
| W | |
| T | |
| F | |
| S | |
| S | |

# weekly schedule

| | |
|---|---|
| M | |
| T | |
| W | |
| T | |
| F | |
| S | |
| S | |

# weekly schedule

| | |
|---|---|
| M | |
| T | |
| W | |
| T | |
| F | |
| S | |
| S | |

# weekly schedule

| | |
|---|---|
| M | |
| T | |
| W | |
| T | |
| F | |
| S | |
| S | |

| M | |
|---|---|
| T | |
| W | |
| T | |
| F | |
| S | |
| S | |

weekly schedule

| ___ M | |
|-------|--|
| ___ T | |
| ___ W | |
| ___ T | |
| ___ F | |
| ___ S | |
| ___ S | |

# weekly schedule

| M | |
|---|---|
| T | |
| W | |
| T | |
| F | |
| S | |
| S | |

weekly schedule

| M | |
|---|---|
| T | |
| W | |
| T | |
| F | |
| S | |
| S | |

# weekly schedule

| | |
|---|---|
| M | |
| T | |
| W | |
| T | |
| F | |
| S | |
| S | |

| M | |
|---|---|
| T | |
| W | |
| T | |
| F | |
| S | |
| S | |

# weekly schedule

| | |
|---|---|
| M | |
| T | |
| W | |
| T | |
| F | |
| S | |
| S | |

M

T

W

T

F

S

S

| M | |
|---|---|
| T | |
| W | |
| T | |
| F | |
| S | |
| S | |

weekly schedule

M

T

W

T

F

S

S

# weekly schedule

| | |
|---|---|
| M | |
| T | |
| W | |
| T | |
| F | |
| S | |
| S | |

| M | |
|---|---|
| T | |
| W | |
| T | |
| F | |
| S | |
| S | |

| | |
|---|---|
| M | |
| T | |
| W | |
| T | |
| F | |
| S | |
| S | |

| | |
|---|---|
| $\overline{\text{M}}$ | |
| $\overline{\text{T}}$ | |
| $\overline{\text{W}}$ | |
| $\overline{\text{T}}$ | |
| $\overline{\text{F}}$ | |
| $\overline{\text{S}}$ | |
| $\overline{\text{S}}$ | |

# weekly schedule

| | |
|---|---|
| M | |
| T | |
| W | |
| T | |
| F | |
| S | |
| S | |

# weekly schedule

| | |
|---|---|
| M | |
| T | |
| W | |
| T | |
| F | |
| S | |
| S | |

| | |
|---|---|
| M | |
| T | |
| W | |
| T | |
| F | |
| S | |
| S | |

M

T

W

T

F

S

S

weekly schedule

| M | |
|---|---|
| T | |
| W | |
| T | |
| F | |
| S | |
| S | |

# weekly schedule

| | |
|---|---|
| M | |
| T | |
| W | |
| T | |
| F | |
| S | |
| S | |

| M | |
|---|---|
| T | |
| W | |
| T | |
| F | |
| S | |
| S | |

# weekly schedule

| | |
|---|---|
| M | |
| T | |
| W | |
| T | |
| F | |
| S | |
| S | |

# weekly schedule

| | |
|---|---|
| M | |
| T | |
| W | |
| T | |
| F | |
| S | |
| S | |

| M | |
|---|---|
| T | |
| W | |
| T | |
| F | |
| S | |
| S | |

| | |
|---|---|
| M | |
| T | |
| W | |
| T | |
| F | |
| S | |
| S | |

# weekly schedule

| | |
|---|---|
| M | |
| T | |
| W | |
| T | |
| F | |
| S | |
| S | |

# weekly schedule

| | |
|---|---|
| M | |
| T | |
| W | |
| T | |
| F | |
| S | |
| S | |

weekly schedule

| | |
|---|---|
| M | |
| T | |
| W | |
| T | |
| F | |
| S | |
| S | |

# weekly schedule

| M | |
|---|---|
| **T** | |
| **W** | |
| **T** | |
| **F** | |
| **S** | |
| **S** | |

weekly schedule

| M | |
|---|---|
| T | |
| W | |
| T | |
| F | |
| S | |
| S | |

# weekly schedule

| | |
|---|---|
| M | |
| T | |
| W | |
| T | |
| F | |
| S | |
| S | |

# weekly schedule

| | |
|---|---|
| M | |
| T | |
| W | |
| T | |
| F | |
| S | |
| S | |

| M | |
|---|---|
| T | |
| W | |
| T | |
| F | |
| S | |
| S | |

# weekly schedule

| | |
|---|---|
| M | |
| T | |
| W | |
| T | |
| F | |
| S | |
| S | |

# weekly schedule

| | |
|---|---|
| M | |
| T | |
| W | |
| T | |
| F | |
| S | |
| S | |

# weekly schedule

| M | |
|---|---|
| T | |
| W | |
| T | |
| F | |
| S | |
| S | |